믿을 구석은 회사가 아니었다

믿을 구석은 회사가 아니었다

함승혜

이수빈

이영지

민유정

정현석

권선영

김민지

신하령

조혜영

[집:따]

일러두기
1. 자세한 저자 소개가 없습니다. 직업, 나이, 성별, 이력 등에 대한 내용은 글 속에서 직접 확인하시길 바랍니다.
2. 프롤로그를 제외하고, 8명이 각각 네 편의 글을 적었습니다. 한 사람의 글이 연달아 나오지 않습니다. 장마다 한 편씩 실려있으며 순서는 < 함승혜 → 이수빈 → 이영지 → 민유정 → 정현석 → 권선영 → 김민지 → 신하령 >으로 이어집니다.

목차

프롤로그 ... 10

1장 안녕하세요

스물일곱 : 20대 인생 실험 ... 14
스물다섯, 하이힐을 신고 또각또각 ... 20
일하라, 돈이 필요치 않은 것처럼 ... 26
in Sapporo ... 32
지금은 고향에 갈 수 없습니다 ... 38
직장생활 3년 차, 신념 3가지 ... 42
자유를 위한 한 발짝 ... 48
늘어난 역할 ... 54

2장 안녕히 계세요

스물아홉 : 인생 낭비 좀 하면 안 되나요?	62
서른, 나만의 금목걸이	68
살라, 오늘이 마지막 날인 것처럼	74
바깥의 삶을 상상해보다	80
나는 살아 있는데 자꾸 죽었다 생각하라니	86
열심히만 하면 될 줄 알았지	92
나를 찾기 위한 준비 두 발짝	98
현실과 이상 사이	102

3장 실례합니다

서른 : 세계일주의 꿈 ing	108
지금 여기, 지중해	114
춤추라, 아무도 보고 있지 않은 것처럼	120
나를 찾아서	124
지도 밖이라 생각했던 길	130
백지장	136
용기를 가지고 내딛는 세 발짝	142
준비와 기회의 관계성	148

4장 반갑습니다

서른넷 : 행복, 성공, 살고 싶은 삶에 대한 집념   **156**
여전히, 꿈을 찾고 있습니다   **160**
사랑하라, 한 번도 상처받지 않은 것 처럼   **166**
빅 피쳐 (The big picture)   **170**
작은 성공과 남은 도전   **174**
고군분투   **178**
미래를 향한 네 발짝   **184**
꿈을 꾸다   **188**

프롤로그

책 제목만 보면 "당장 그 회사를 나오세요!"라고 외치는 듯하지만, 이 이야기는 퇴사를 장려하고자 함이 아닙니다. 여덟 명의 청춘이 짧다면 불과 한두 달 전, 길다면 10년 전 겪었던 지난 기억을 다시 마주하고, 더 나아가 미래에 대한 여전한 불안을 다독이는 기록입니다. 무엇보다 그저 믿는 구석이 '나' 자신이 되기 위해 걸어왔거나 또는 걸어가리라 다짐하며 첫걸음을 뗀 사람들의 이야기라 소개하고 싶네요. "믿는 구석이 내가 될 수는 없을까?"라는 지극히 개인적인 고민이자 작은 바람이 담긴 질문으로 시작된 『믿을 구석은 회사가 아니었다』에서는 다양한 분야에서 일하며 작은 성취, 확실한 행복을 이루어내고 있는 여덟 명의 경험과 생각이 담겨 있습니다. 사회적, 경제적으로 타인의 잣대에 비추었을 때 성공한 사람이나 청년 멘토에 들어맞는 인물보다는 자신의 길을 스스로 만들어나가고 있는 현재 진행형인 사람들에게 끌렸습니다.

현재는 조향사, 모바일 쇼호스트, 프리다이버, 캘리그라퍼, 작가이거나 회사원이기도 한 이들은 직업과 전공 분야, 살아온 세대와 지역, 개인의 역사, 이상향, 고집하는 개인적인 습관까지 모두 달랐습니다. 다 달라서 의미 있고, 다른 가운데 또 교집합이 있어 서로 공감하는 모습을 발견할 때면 흥미롭기도 합니다. 여덟 명의 이야기를 만나며 새삼 느낀 점은 일에도 삶에도 정답이 없다는 것입니다. 뭐든지 할 수 있는 나이라며 도전에 머뭇거림이 없는 사람이 있고, 시동을 거는 데 타인보다 시간이 오래 걸려 기회의 타이밍을 놓칠까 항상 만반의 준비를 해놓는 사람도 있습니다. 조직에 속해 부여받은 역할이 자신과 맞지 않을지라도 능력치 이상으로 수행해내기 위해 밤낮없이 일에 매진하며 회사가 아닌 자신의 성장을 위해 달려왔다고 말할 수 있는 사람도 있습니다.

3개월 전 뜨거웠던 여름, 고용 당하는 입장이었던 회사를 나와 출판사 [짙:따]를 차리고 난 후 처음으로 기획, 제작한 책이라 출판사 대표로서도 애착이 갈 수밖에 없습니다. 사실 아직 '대표'라는 직함이 어색하지만 스스로 책임감을 부여하기 위해 의식적으로 많이 쓰고 있답니다. 수십 번 아니 수백 번 원고를 읽으면서 출판사 대표이기 전에 개인 조혜영이라는 사람으로서 더 많은 위로와 힘을 얻었습니다.

값진 경험과 확고한 취향, 다채로운 가치관을 나눠주신 함승혜, 이수빈, 이영지, 민유정, 정현석, 권선영, 김민지, 신하령 여덟 분에게 다시 한번 감사 인사를 올립니다.

제가 우리의 이야기를 사랑으로 바라보듯이 이 글과 여덟 명의 작가님들이 많은 이들과 공감과 용기를 주고받게 되길 바랍니다.

2021년 9월
조혜영.

①
안녕하세요

스물일곱 : 20대 인생 실험
스물다섯, 하이힐을 신고 또각또각
일하라, 돈이 필요치 않은 것처럼
in Sapporo
지금은 고향에 갈 수 없습니다
직장생활 3년 차, 신념 3가지
자유를 위한 한 발짝
늘어난 역할

스물일곱 : 20대 인생 실험

함승혜

돌아보면 스무 살 이후 매년 한국에 머무는 시간은 1년을 채우지 못했다.(유례없던 코로나바이러스감염증-19 때문인지 덕분인지 이번엔 1년을 곧 넘길 것 같지만) 어딘가로 늘 떠나고 돌아오기를 반복했던 나의 20대, 막연히 어딘가를 꿈꿨고, 이상향을 정확히는 몰랐지만 그래도 늘 내 그릇이 조금 더 커지기를 바랐다. 기회가 되는 대로 매년 해외에 나갔다. 홈스테이, 문화 교류 프로그램, 교환학생, 휴학 후 호주나 일본에서 워킹홀리데이. 때마다 그렇게 남달리 큰돈이 들지도 않았고 그렇다고 큰 성과를 들고 돌아오지도 못했다. 집에서 나갈 때 포부와는 달리 크게 발전 없이 돌아와 똑같은 나로 살아가기를 반복했다.

고등학생이던 내게 누가 꿈이 뭐냐고 물으면 엉뚱하게도 '세계 속의 한국인'이 되고 싶다고 대답했더랬다. 그 꿈에 어렴풋이나마 다가가려고 당시 좋아하던 일본어를 골라 전공했고, 20대의 지난 10년간은 없는 기회를 만들어서라도 기회가 되는 대로 일본에 참 열심히 갔다. 언어는 끝이 없는지 일본어는 여전히 완벽하지 않지만.

대학 4학년, 모두가 취업 이력서를 작성하던 시기에 고민 끝에 일본 관광통역 안내사를 꿈꾸며 준비하게 되었고 졸업과 동시에 일을 시작할 수 있었다. 얕보이거나 어려 보이지 않으려고 노력하면서 아등바등 잠도 줄여가며 열심히 했다. 사람, 일본어, 여행. 내가 좋아하는 것들을 나열하면 연결되는 천직이라 믿었고 힘든 줄도 모르고 즐겁게 일했다. 지금은 지나간 일이라 조금 쉽게 말하지만, 내 첫사랑과도 같은 '관광 통역 안내사'라는 첫 직업을 갖기까지는 많은 산을 넘어야 했다. 친화력도 있었고 외향적인 편이기도 했고 일본어도 곧잘 했지만, 그래도 사람들 앞에서 몇 시간이고 마이크를 잡고 실수 없이 인솔해야 하는 일들이 쉽지만은 않았다. 처음에는 남들 앞에서 10분을 스피치 할 수 없어서 울음을 터트린 적도 있다. 당시 선생님은 그냥 이 일을 포기하고 다른 일을 찾아보라고 했지만, 그럴 수 없었다. 아니 그러고 싶지 않았다. 난 대본을 쓰고 토씨 하나까지도 달달 외우면서 녹음하며 연습했고, 덕분에 당시 나를 만나는 친구들은 술집에서도 카페에서도 어느 공원 길목에서도 틈나는 대로 나의 지루하고 요령 없는 스피치를 들어야만 했다.

기회는 우연히 찾아왔고 대타로 시작하게 된 이 종합 서비스직에 최선을 다해 열정적으로 즐겁게 일했지만, 아마도 어리거나 여려서 차마 감당하지 못해서였을까. 한참을 나 자신도 주변도 돌보지 않고 열심히 달리던 어느 날, 쉼 없이 과도한 스케줄과 사람에게 치여, 이 세상에서 그토록 좋아하던 사람들이 싫어지는 지경에 이르렀고 결국 일을 그만뒀다. 뜨겁던 연애가 끝난 것 같은 느낌이었다. 이후 어떻게든 남들처럼 살아보겠다고 토익 학원도 다니고 이력서도 준비해 닥치는 대로 이것저것 시도했고, 남들처럼 직장인이 되어 일본 도쿄에 살면서 물류회사에서 잠시 일한 적도 있지만 내 몸에 맞지 않는 옷을 입은 것 같은 어색함이 늘 따랐다. 누군가를 흉내 내고 있는 느낌. 새로운 일을 배우는 건 나름대로 재미있었지만 내가 꿈꾸던 삶이 이게 맞는지, 내 주변에 내가 닮고 싶고 되고 싶은 삶을 사는 어른이 있는지 종종 의문이 들었다. 이렇게만 살아도 괜찮을까. 정말

이대로 버티면 될까. 어딘가 새로운 곳에 가서 새로운 사람들 속에서 새로운 직책을 가지면 나는 다시 태어난 것 같았지만, 못난 모습도 그리고 조금은 사랑스러운 부분도 나는 여전히 그대로였다. 나는 내게 꼭 필요하고 딱 맞는 물건 하나 사는 것도 늘 어려운데, 다른 사람들은 어쩜 저렇게 능숙하게 학교를 가고 직업을 찾고 연인을 만나고 배우자를 찾고 집도 차도 사고 어른이 되어 가는지.

서른이라는 아직 가보지 않은 다가올 미래가 두려웠지만, 그렇게 난 과감히 내 남은 20대 3년을 가지고 실험을 해보기로 했다. 정신 못 차리고 그냥 가슴 뛰는 대로 움직여보기로 했다. 어쩌면 남들 다 결혼해서 의지할 남편과 토끼같이 예쁜 자식들 보면서 행복해할 때 혼자 별 보며 달 보며 외롭다며 주정 부리고 있을지도 모른다. 외롭게 혼자 내 인생을 슬퍼할지도 몰라. 그건 그때 가서 생각해보지 뭐. 이 순간의 선택이 과연 '함승혜'란 인간의 청춘과 인생을 어찌 좌지우지할지는, 나도 모르고 아무도 장담하지 못하는 정말 가봐야 아는 길이기에, 우선은 가보고 깨갱 할지, 이거 봐!!! 하고 소리를 치게 될지, 가보지 뭐. 굶어 죽기야 하겠어? 그 아무도 장담 못 할 미래는 내가 어떻게든 해볼게.

모두가 정신 차리라고, 나이만 먹고 어쩌려고 하냐고 나무란다. 그런데 사실 이 말은 몇 살이 되어도 항상 듣는 것 같다. 나란 인간이 모자란 인간인 건지. 뭐, 그나마 나무라주는 사람은 차라리 다행이다. 애정이 있는 거지. 나머지는 그저 열심히 해보라며 씁쓸한 웃음을 짓는다. '너 나이는 어디로 먹었니?' 하는 듯한 그들의 생각 주머니가 눈에 보이려고 한다. 그래도 남들 다 하는 거 그만할래. 나이만 먹더라도 즐거운 대로. 기대되는 대로 움직여볼래. 내가 이번 참에 이런 미친 선택을 해서, 내 인생과 내 청춘이 낭비되고, 아무것도 아닌 시간이 되고, 또 사회의 버러지가 되고, "그것 봐라, 내가 뭐랬니." 하는 소리를 듣게 될지, 아니면 <u>스스로의 행복</u>을 찾은 행복한 30대가 될 수 있을지는, 직접 인생을 건 실험을 통해 알아보기로 한다. 혹시 망해서, 보통 이하의, 남들 다하는 취업도 결혼도 출산도 아무것도 이루지 못한 채 모든 걸 실패한 패배자가 될지언정, <u>스스로</u>를 던져 확인해보고자 한다.

서른이 되는 날에는 지금보다 좀더 당당한 내가 될 수 있도록. 내 20대를 가장 치열하게 보냈다고 그 누구보다 자부할 수 있도록. 스물일곱의 어느 날, 난 내 남은 20대를 더 펑펑 놀고먹겠다고 다짐했다.

사람들은 불안해한다. 다른 누군가는 어떻게 살아가고 있는지 궁금해한다. 그러지 말자. 나는 다른 누구와도 똑같지 않다. 나의 욕망은 나만 알고 있다. 무엇을 해야 내가 행복한지, 누구한테 물어도 답을 얻지 못한다. 남은 시간 열심히 소비하면서, 최선을 다해 업그레이드해 보자.

내 인생의 주인은 나니까.

스물다섯, 하이힐을 신고 또각또각

이수빈

"넌 언제부터 이 회사에 입사하고 싶었어? 언제부터 이런 직무에 관심이 있었어?" 평범하게 직장을 다니는 친구들에게 이런 질문을 하면 열에 아홉은 같은 대답을 한다. 입사 서류를 쓸 때부터? 서류전형에 합격했을 때부터? 오랜 시간 꿈꿔왔던, 진정 원했던 일이 아니라 내 현실에 맞춰 그때그때 내 꿈을 바꿔가는 것이 당연한 요즘.

그렇다면 나는 어땠나?

어릴 적, 호텔에 근무하셨던 작은아버지가 기념일마다 사다 주시는 큰 사이즈의 호텔 케이크가 그렇게 근사할 수가 없었다. 이 케이크에서 시작된 호텔에 대한 선망은 늘 가슴속 깊은 곳에 있었고, 호텔에 어떤 직무가 있는지, 무슨 일을 하는지 정확히 알지도 못한 채 중고등학교 시절 장래희망 속에 '호텔리어'라는 직업은 굳건히 자리를 지키고 있었다. 그렇게 아주 자연스럽게 호텔경영학과로 진학하게 되었고 동기들과 함께 누구보다도 즐겁게 공부했다. 그러나 4년 후 막상 취업을 준비할 시기인 졸업반이 되니 호텔로 취업을 원하는 동기들은 거의 없었다. 대부분 일반 대기업이나 은행 등을 지원하거나 회계사, 노무사 등의 자격증을 준비하고 있었다. 나 역시 마찬가지였다. 호텔에 간절히 취업하고 싶다기보다 어느 기업, 어느 직무든지 단지 '취업' 자체가 목표였고 저 많고 많은 빌딩숲 속 내 자리 하나 갖고 싶을 뿐이었다. 높은 학점과 수많은 대외활동, 해외 봉사활동, 고득점의 토익 점수, 그리고 인턴 활동까지. 누구보다 대학 생활을 열정적으로 보냈다고 자부했지만 서류 통과의 기회조차 거의 오질 않았다.

경제난에 코로나 바이러스라는 악재까지 겹쳐 요즘 취업이 그렇게 힘들다고 하지만 지금으로부터 10년 전 취업 전선에 있던 사람들에게도 역시 쉽지만은 않았다. 스물넷, 스물다섯, 스물여섯. 주변 다 하는 취업을 나만 못하고 나이만 먹는다는 게 너무 두려워졌고, 이미 출발이 늦은 것 같아 점점 속상한 마음을 감출 수가 없었다.

그렇게 약 200여 건의 자기소개서를 썼고 그중 최종 면접까지 갔던 것이 고작 네 번, 그리고 최종 '1승'을 한 건 믿을 수 없게도 합격 스펙이 너무 높아 감히 꿈꿔보지도 못했던 회사인 L그룹 호텔의 인턴이었다. 운 좋게 서류 통과 후 토익 스피킹 테스트와 원어민 영어 면접, 실무자 면접, 그리고 두 달의 인턴 기간이 있었던 채용 전형. 스무 명의 인턴 중 최종적으로 몇 명이 뽑힐지도 미정이었던 과정이었기에 모두 필사적이었고 치열하게 경쟁했다. 인턴 기간이 종료되고 난 뒤에는 입술이 바짝바짝 마를 정도로 최선을 다해 준비한 PT 면접과 임원 면접까지. 쉴 틈 없이 거칠었던 일곱 단계를 거쳐 최종 합격을 해 정식 공채 직원이 된 사람은 스무 명 중 겨우 세 명이었다. 세상에나. 그중에 한 명이 나라니. 드디어 저 빌딩숲 한 곳에도 내 자리가 생기는 건가. 합격 발표 전화를 받은 그 순간만큼은 로또 1등에 당첨이라도 된 듯 짜릿했다.

대기업 공채로 입사했다는 건 부모님에게도 친구들에게도 큰 자랑거리가 되었다. 졸업 전부터 약 2년간 자소서를 쓰며 취업 준비만 했던 터라 출근을 한다는 것 자체에 감사했고, 금목걸이보다 더 귀하다는 빨간 사원증

목걸이를 목에 걸게 되었다. 입사 후 고등학교 때 만들었던 '나의 미래 명함'을 문득 발견했는데 거기엔 'L호텔 이벤트 매니저'라고 쓰여 있었다. 나의 입사는 우연이었을까, 운명이었을까. 정확히 10년 후, 난 그 호텔의 이벤트 매니저가 되어 있었다. 나의 운명은 이곳이었구나. 정년이 될 때까지 이곳에 내 모든 열정을 바치리라 다짐하고 또 다짐했다. 출근을 하고 있는 직장의 이름이 호텔이었을 뿐이지, 조직구조나 일하는 체계는 일반 회사와 같았고 내가 맡은 직무 역시 사무직이었기에 TV에서 보는 호텔리어의 모습보다는 평범한 직장인의 삶에 가까웠다.

직장인으로서의 하루하루는 그리 나쁘지 않았다. 날짜가 되면 꼬박꼬박 들어오는 월급과 많은 복지 혜택들도 아주 만족스러웠다. 대학 시절 내내 생활비를 위해 아르바이트로 겨우 벌던 푼돈만 구경하다가 큰돈이 들어오니 그동안 조급하고 나만 생각했던 비좁은 마음도 점점 여유로워졌다. 부모님께 용돈도 드리고 그동안 신세를 졌던 친구들에게 시원하게 한턱을 쏘기도 하고, 내 힘으로 학자금 대출도 조금씩 상환할 수 있었다. 심적인 여유는 이른 출근길도 늦은 퇴근길도 감수할 수 있는 원동력이 되었다. 일이 바빠질수록 마치 드라마 속 하이힐을 신고 뛰어다니는, 능력 있는 커리어우먼이 된 것 같은 도취감에 빠지기도 했다. 업무의 특성상 공적으로 만나는 거래처 상대방들의 직급이 나보다 훨씬 높은 편이었는데 그들과 명함을 주고받으며 인사를 하고 업무 이야기를 나눌 때마다 나도 같이 높은 사람이 된 것 같은 기분에 애사심도 커져갔다. 여느 직장인처럼 동기들끼리 모여 점심시간에는 커피를 마시며 일하기 싫다는 투정을 부리기도 하고, 퇴근 후 저녁에는 맥주 한 잔씩 기울이며 각자 팀의 고충을 털어놓으며 사회생활의 우정을 쌓기도 했다. '어떻게 입사한 회사인데 이 정도 고난과 역경에 관둘 생각을 해?' 퇴사를 생각하는 건 내 노력에 대한 배신이었고 사치였으며, 누가 이기나 보자 하는 마음으로 버텨냈다.

그렇게 사회생활에 하나둘 적응을 해가며 패기 넘치던 스물여섯 살의 신입사원은 어느새 '대리'라는 직급도 달게 되었고, 20대 청춘의 반을 이 회사에 쏟아붓고 30대를 맞이하게 되었다.

일하라, 돈이 필요치 않은 것처럼

이영지

올해 서른다섯 살이 된 나는 꽤 오랫동안 '감정노동자'의 일을 해왔다. '사람 사는 거 다 똑같지'라는 말은 나를 표현하는 말이었다. 대학생 때는 아르바이트로 대형마트에서 판매직과 와인매니저 일을 했었고, 편의점, 카페 아르바이트 등 여러 가지 일을 하며 부족한 용돈을 충당했다. 20대 초반 문예창작학과에 입학한 후 시를 썼다. 내가 쓴 글은 시화전에 전시가 되고 강단에서 남들에게 읽히기도 하며 자만해진 나는 자유로운 영혼이 되어 훨훨 날아다니던 시절도 있었다. 문제는 대학교 3학년이 되고 나서였다. 그때 당시 문예창작학과 성공의 판도는 '등단(登壇)'을 하는 게 가장 보편적이었는데 나는 등단할 만큼의 능력을 쌓지 못했고, 등단이 될 때까지 기약 없는 노력을 할 시간도 충분치 않았다. 나름 학교생활을 잘하기 위해 학과 대표도 하고 밤새워 연습한 연극에서 주인공을 맡아 무대에 오르기도 했다. 후배가 생겼을 땐 음악 연출을 맡아 공연을 하기도 했었다. 하지만 모자란 생활비를 버는 게 우선이었기에 앞서 언급했던 예술과 인접한 생활은 오래가지 못했다. 배고픈 예술가가 되기보다 조금이라도 더 돈을 벌 수 있는 현실에 뛰어들어야 했고, 하루빨리 직장에 들어가 고정적인 월급을 받아야만 했다.

그렇게 나의 20대 청춘을 불태우기 시작한 곳은 ***통신사 고객센터였다. 지금도 이력서를 넣으면 여전히 그 경력을 우선으로 인정해 주는 곳. 한 달 퇴사율이 40%가 넘고 '불금'이라는 말이 무색하게 금요일이 되면 놀고 싶은 마음에 설레기보다 돌아올 월요일이 걱정되고 무서워 우울해지던 바로 그곳. '감정노동(Emotional Labor)'은 조직에서 바람직하다고 여기는 감정을 '자신의 감정과는 무관하게 행하는 노동'을 의미한다. 실제로 내가 느끼는 감정과는 다르게 표현을 해야 할 때 발생하는 게 감정노동인데 감수성이 풍부하던 나는 수습 기간이 끝나고 처음 업무에 투입되던 날부터 감정노동을 겪어야 했다.

"반갑습니다. 고객님. 무엇을 도와드릴까요?"
"XX서비스센터 연결해."
첫 고객은 30대 정도 되어 보이는 중저음의 목소리를 가진 젊은 남성이었고 꽤 익숙한 듯 호전환을 해달라고했다. 지금 생각해 보면 상담사에게 '수고합니다' 말 한마디 건넬 줄 모르고 반말이나 하는 고객이었지만 당시에는 너무 긴장돼 그런 건 생각할 틈이 없었다. 빠르게 XX서비스센터 번호를 검색하다 문득 수습 교육 때 강사가 했던 말이 생각났다. 고객 중 가끔 통화료가 무료인 통신사 고객센터로 전화를 걸어, 유료통화인 곳으로 연결해달라는 경우가 있는데 편법이니 연결해 주지 말라는 거였다. 짧은 순간이었지만 지난 석 달 동안 교육을 받으면서 정규 수업내용도 아닌, 쉬는 시간 지나가는 말로 알려준 것을 기억해 낸 나 자신이 대견했다.
"고객님, 너무 죄송합니다. XX서비스센터로 바로 연결은 어렵습니다. 혹시 필요하시면 문자로 번호 남겨드릴까요?"
'쿠션 멘트(서비스 화법 중 하나로 부탁, 사과, 거절, 부정적인 말을 하기 직전에 사용하는 표현)'에 해결책까지 제시했고 이만하면 스스로도 훌륭하다고 생각했던 답변이었다. 그러나 수화기 너머 들려온 말은 입에 담기 어려울 정도로 무자비한 '욕'이었고, 너무 놀란 내가 되려 아무 말도 못 하자 고객은 더 크게

화를 내기 시작했다. 수치심에 눈물이 핑 돌았다. 다급히 사무실 내에서 나와 같은 신입사원들의 업무 진행 과정을 지켜보고 있던 강사에게 손을 들어 도움을 요청했고 그렇게 고객센터의 첫 통화는 끝이 났다. 소리를 지르던 고객의 잔상이 몇 날 며칠이 남아 꽤 많은 날밤을 울며 지새웠다. 언어폭력이 한 귀로 흘러들어와 한쪽 귀로 빠져나가지 못하고 가슴에 남아 후벼팠지만 일을 그만둘 수는 없었다.

그 곳은 '감정노동'만이 존재하는 곳이 아니었다. 매일매일 쏟아지는 새로운 정보를 이해하고 외워야 하는 곳이었기에 자연스레 새벽까지 업무에 대한 공부를 해야 했다. 친구를 만날 시간도, '시'를 써 내려갈 시간도 없었다. 퀭한 눈으로 새벽같이 출근해서 별을 보며 퇴근을 했다. 업무 중에는 화장실 갈 시간도 줄여가며 늘 내 자리를 지켜야 했다. 소위 말해 미친 듯이 전화를 받아야 했고, 내가 전달하는 정보는 무슨 일이 있어도 정답이어야 했다. 모든 통화 내용은 녹음되었고 고객이 누른 만족도 조사에 한 달 월급이 정해지는 곳이었다. 같은 고객센터에서 10년 넘게 근무했던 실장님 한 분이 퇴사했는데 언제부턴가 고객센터로 전화를 걸어 민원을 건다는 사실이 전 센터에 소문이 났다. 처음 소문을 들었을 땐 "같은 일을 했던 사람이 어떻게 그럴 수 있지?"라며 비난을 했었다. 그러나 머지않아 이곳에서 일하며 받은 스트레스로 정신적인 문제가 생겼다는 얘길 듣게 된 이후, 마냥 그분을 욕할 수 없게 됐다. 같은 일을 했던 상담사로서 유대감 혹은 동질감을 느꼈기 때문이다. 나 역시 '감정노동'이란 일을 하면서 몸에 하나둘 문제가 생기기 시작했다. 온종일 사무실에 앉아있다 보니 계절이 변하는 것도 잘 느끼지 못하다가 어느날 일하던 중 갑자기 얼굴에서 후드득 피부가 벗겨지는 걸 느꼈다. 악성 건조증이 생겨 붉은 반점이 올라왔고 병원에 갔더니 의사선생님 말씀이 충격적이었다.
"지금 환자분의 피부 상태는 아스팔트에 얼굴을 갈린 상태예요."

가족을 포함해 주변 사람들과 '대화'를 하지 않게 됐던 건, 일하며 받는 스트레스를 어떻게 풀어야 할지 몰라서였다. 사내에서 한 달에 세 번씩 치러야 하는 시험이 있는데 연차가 쌓이면서 팀원들에게 교육해야 하는 '직무 코디'를 맡게 됐다. 다른 상담사들과 똑같이 매일 새로운 기능과 서비스에 대한 업무 지식을 공부하면서 팀원들에게 가르치는 것까지 해야 하는 상황이 되어, 일찍 출근하고 해가 다 진 후 깜깜한 늦은 시간 퇴근한 후 집에 와서도 공부를 해야 했다. 서서히 가족들이 틀어놓은 TV소리가 거슬리기 시작했고 이전까지는 퇴근 후 종종 감정을 토해 글을 쓰던 나는 단 한 줄의 글도 쓸 수 없게 되었다. 모든 것에 화가 나 있었고 누군가 건드리면 툭 하고 눈물을 흘리기도, 싸움닭처럼 달려들기도 했다.

눈에 보이지 않는 '마음'을 다치는 일. 나는 오랫동안 이렇듯 감정노동자였고 이런 모습을 표현하자면, 겉으로는 남들과 똑같아 보이지만, 마음속에는 남들보다 조금 더 감수성이 풍부해 여리고 어리숙한 '어린아이'가 있다고 말할 수 있다. 지금이라도 내면의 외로운 '어린아이'를 구하고 싶고, 세상에 무언가 말하고 싶은 나의 목소리가 있다.

그저 시를 통해, 글을 통해 그 메시지를 전달하면서 살고 싶다.

in Sapporo

민유정

2019년 10월 제법 추워지고 있던 가을날, 스물여덟 살까지 부모님과 떨어져 지내본 적 없는 나는 홀로 일본 삿포로로 날아가게 되었다. 삿포로는 성인이 된 후 처음으로 부모님과 해외여행을 갔던 곳이라 나에게는 조금 특별한 도시이기도 하다. 그러나 이번에는 여행이 아니라 일을 하러 오게 되었다. 3월에 면접을 보고 같은 해 10월에 일본으로 가게 되었는데, 사실 깊게 생각해 이루어진 일은 아니었다. 그저 일본어를 전공했으니 한국 취업이 힘들다면 일본 취업을 해보자 하는 단순한 생각 반, 한번쯤은 해외에서 살아보고 싶다는 바람 반으로 일본 취업을 알아보았다. 그러다 우연히 페이스북을 통해 일본 취업을 전문적으로 알선해주는 에이전시를 알게 되었고 지원 후 면접을 보고 빠른 결정으로 일본으로 가게 된 것이었다.

해가 다 진 저녁 7시 무렵, 삿포로역에 도착해 무거운 짐을 끌고 택시를 타고 내가 일할 호텔로 바로 향했다. 도착한 후 마주한 호텔의 모습은 바쁨 그 자체였다. 프런트 직원들은 바쁘게 손님을 응대하느라 나와는 멀찌감치 가볍게 눈인사만 할 뿐 제대로 통성명할 시간도 없었다. 정신없이 일하는 모습을 보니 '아, 나도 내일부터는 저렇게 바쁘게 손님 응대를 하겠구나!'라며 그제야 일본에 일하러 온 것이 실감 났다.

똑같은 도시여도 여행으로 오는 것과 일하며 생활하는 것은 확연히 달랐다. 부모님과 놀러 왔을 때는 삿포로의 아름다운 설경을 보고 맛있는 음식을 먹으면서 마냥 즐겁기만 했는데 일을 하러 오니 삿포로 맛집은 궁금

하지도 않고 그저 내가 손님을 잘 응대할 수 있을지 업무를 잘 해낼 수 있을지 걱정이 앞섰다. 삿포로에 도착한 다음 날부터 바로 호텔로 출근을 하고 일을 배우기 시작했는데, 내가 맡은 호텔 프런트 업무는 호텔의 얼굴 같은 역할이라 신경 쓸 일이 많았다. 이곳은 엄격한 서비스 매너를 요구하는 일본의 호텔이기에 전달하는 문장의 내용뿐만 아니라 말투나 표정, 손짓 하나하나에도 세심한 주의를 기울여야 했다.

대학교 전공 수업을 통해 관광일본어, 비즈니스 일본어 등의 수업을 듣긴 했으나 그냥 책으로 공부하는 것과 일을 하며 일본어를 직접 입으로 내뱉는 것은 달랐다. 실무에서 좀더 긴장하지 않고 말하기 위해 서점에서 일본어 경어(높임말) 책을 사서 퇴근 후에는 집에서 혼자 연습하고, 뉘앙스 차이나 교과서에는 잘 나오지 않는 구어체 표현은 일본인 동료들에게 물어보고, 근무 중 쉬는 시간에도 점심 먹으면서도 단어장을 보며 어휘력을 높여 자연스러운 일본어를 구사하기 위해 노력했다. 특히 프런트 업무에는 멀티플레이 능력이 필요한데, 처음엔 이 부분이 가장 힘들었다. 예를 들면 체크인을 할 때 손님이 숙박 카드에 주소를 쓰고 서명하는 동안 손님이 룸 컨디션, 룸서비스 등에 특별히 요청한 사항이 있는지, 결제에는 특이사항이 없는지 등을 빠르게 훑어보는 센스가 필요한데 입사 초반에는 동시에 해내지 못해 하나하나 시간이 걸리다 보니 고생을 좀 했다.

또한 쉴 새 없이 울리는 전화 받기도 외국인인 나에게는 넘어야 할 산이었다. 입사가 정해지고, 일본으로 출국을 하기 전부터 가장 걱정했던 것이 바로 전화 응대였다. 전화는 상대가 직접 보이지 않다 보니 대면한 채 대화할 때보다 더 집중해야 하고 놓치는 말이 없는지 잘못 받아 적는 말이 생기지 않도록 해야 했다. 더군다나 상대는 내가 외국인인 것을 모르니, 내가 못 알아들으면 상대도 대화가 통하지 않음에 짜증이 나고 프로로서 능숙하지 못한 모습에 고객께 죄송한 일이 생기니 그런 상황을 만들지 않기 위해 수화기를 들기 전부터 긴장할 수밖에 없었다. 전화 울렁증을 극복하기 위해 손님들이 자주 물어보는 것들은 반사적으로 0.1초 만에 대답할 수 있게 혼자 집에서 예상 질문 리스트를 뽑아 상황극 연습을 했다. 지금 생각하면 방 안에서 혼자 1인 2역으로 대화하는 나의 모습이 좀 우습기도 하지만 그때는 돈 받으며 일하는데 호텔에 민폐 끼치면 안 된다는 책임감이 앞섰기에 이상하다 느낄 새가 없었다.

그 무엇보다 프런트 업무의 가장 힘든 점은 온종일 많은 손님을 상대하며 그 모든 손님의 만족을 위해 부지런히 노력해야 한다는 점이다. 개인마다 성격, 취향, 입맛 등이 달라 요구 사항도 가지각색이기 때문에 그것을 만족시키는 일은 여간 어려운 것이 아니었다. 짧은 시간에 업무에 적응하기가 쉽지는 않았지만, 조금이라도 더 투숙객들의 니즈를 충족시키기 위해 항상 긴장하며 매의 눈으로 고객들을 주시했다. 경험이 부족한 나와 같은 신입은 손님을 응대하는 노하우나 쌓아 놓은 정보가 경력자와 비교해 현저히 부족했기에 손님들의 컴플레인이나 요구 사항에 빠르게 대처하는 데 있어서 어려움이 있을 수밖에 없었고 까다로운 손님이라도 왔다 간 날에는 응대하느라 녹초가 되어 집으로 돌아오곤 했다.

물론 좋은 점도 있었다. 특히 한국인 손님을 응대할 때 보람과 재미를 많이 느꼈다. 삿포로에 방문한 한국인 손님들은 아무래도 여기가 외국이다 보니 호텔에 들어설 때부터 살짝 긴장한 모습을 띤다. 영어나 서툰 일본어로 직원들한테 말을 거는 경우가 많은데 그때 한국인인 내가 먼저 한국어로 응대하면 안심하거나 반가운 기색을 내비치셨다. 그간 만났던 한국인 손님 중에서 부모님 연배의 손님이 오셨을 때는 한국에 계신 부모님 생각이 나서 더욱 친절하게 응대했다. 호텔 숙박 리뷰에 한국인 스태프가 친절해서 좋았다는 내용의 칭찬 코멘트를 받은 것은 캡처해서 일하기 힘들거나 싫을 때마다 보곤 했다. 지금도 뿌듯하고 기분 좋은 기억으로 남아 있다.

일본인 동료들과 업무 외적으로 친하게 지내는 것도 굉장히 즐거웠다. 특히 K-POP을 좋아하고 한국에 관심 많은 친구와 유튜브 영상을 보면서 '방탄소년단 멋있다', '트와이스 예쁘다'며 중학생 때처럼 호들갑을 떨기도 하고 마음 맞는 동료와는 몰래몰래 회사 뒷담화도 하며 더 돈독해졌고 가끔 쉬는 날에는 호텔 밖에서 만나 삿포로에 있는 한식당에 가서 내가 일본인 직원들에게 한국 음식을 추천해주거나 시로이 코이비토 파크 (삿포로에 있는 유명 제과 브랜드의 테마파크) 같은 관광지에서 휴일을 함께 보내기도 했다.

이렇듯 일본에서의 호텔리어 생활은 생각만큼 힘들었고, 걱정보다 좋았던 날들의 연속이었다.

지금은 고향에 갈 수 없습니다

정현석

작년에 독립영화 「성혜의 나라」의 GV(Guest Visit, 관객과의 대화)에 참여한 적이 있습니다. 주인공 성혜는 돈과 시간에 쫓겨 힘들어하면서 우울증 약까지 모으지만, 영화가 끝날 때까지 부모님이 계신 고향 집으로 돌아가는 것은 선택지로 두지 않습니다. 영화가 끝나고 관객과의 문답에서 "왜 성혜는 고향 집으로 돌아가지 않았나요?"라는 저의 물음에 성혜 역의 배우님은 "고향을 떠난 사람들은, 고향으로 돌아가는 것을 도망치는 것으로 생각할 때가 있다." 답하셨습니다.

2016년 대학 졸업을 앞둔 저에게 가장 피하고 싶은 상황 또한 고향으로 돌아가는 것이었습니다. 고향집에서는 취업 정보를 구하기 어렵다는 이유도 있었지만, 미래에 대해 이렇다 할 계획도 없는 상태로 한 번 떠나온 부모님 집에 다시 들어가 사는 일은 부모님께 죄송스러운 데다 지난 몇 년간 자신을 어른이라고 생각해온 제 자존심에도 허락되지 않았습니다. 무엇보다 고향으로 도망친 사람이 되는 것이 무서웠습니다.

거기까지 생각이 닿고 대학교 마지막 1년은 필사적으로 취업 준비에 매진했습니다. 취업 준비는 대학 진학과는 달랐습니다. 주변에 많은 어른이 알기 쉬운 기준을 세워주고 내가 그 기준에 맞춰 어떤 대학에 갈지 어떤 전공을 할 수 있을지 추려주었던 고3 때에 비하여 취업 준비는 누구 하나 도와주는 사람 없이 훨씬 많은 것을 스스로 선택해야 했고 그 많은 선택지 앞에 어디에 노력을 쏟아야 하는지도 알 수 없었습니다. 다행히 그간 겪어보지 못한 선택 앞에서 어려움을 겪고 있는 건 혼자만이 아니었습니다.

무엇을 노력해야 할지도 정하지 못한 사람들을 위해 각종 취업 정보가 있는 온라인 카페와 취업 사이트에는 이력서에 채워 넣어야 하는 것들에 대한 가이드 라인이 있었고 그 기준에 맞춰 스펙들을 하나씩 채워 넣기 시작했습니다. 군대 가기 전 깎아 먹은 학점들을 가까스로 취업 준비에 필요한 최소 학점으로 맞추는 것을 시작으로 사람들을 모아 공모전에도 참여하고, 원하는 토익 점수를 달성하기 위해 공부하고, 자격증 공부를 해가며 이력서 기입란을 하나씩 채워 나갔습니다. 전공이 경영학과였기 때문에 이력서에 말만 잘 꾸미면 직군, 직종을 가리지 않고 지원할 수 있었고, 여름방학이 지나고부터는 취업 사이트에서 연봉이 맞고 어디서 이름을 들어봤다 싶은 기업은 업종과 직종 상관없이 모두 지원했습니다. 학교 취업지원센터를 통해서 자소서 첨삭을 받아가며 몇십 곳의 회사에 지원했고 운이 좋게도 몇 회사의 서류 심사에 합격했습니다. 임원 면접, 토론 면접, 음주 면접까지 별의별 면접이 다 있었지만, 회사에 뼈를 묻을 각오로 임한 면접들은 한 번에 합격할 수 있었습니다.

결국, 다음 해 초 '칼졸업'과 동시에 취업에 성공해 석 달간의 기업 연수원 생활을 시작하면서 고향으로 내려가지 않는 것에 성공했습니다. 연수원에서는 기업의 이념과 역사에 대해 외우고 현장에서 쓰일 지식에 관해 공부했습니다. 연수원 생활 중 시험과 활동은 모조리 점수와 순위로 매겨졌고 이 순위는 앞으로 갈 부서의 팀장님들에게 전해진다고 공표되었기 때문에 연수원 동기들은 교육이 끝난 후에도 자발적으로 수면 시간을 줄여가며 기업의 역사부터 회장님 생애까지 달달 외웠습니다.

연수원 생활은 군복무 시절을 다시 떠올리게 했습니다. 1월 추위에도 아침 야외 체조 후 전방을 향해서 소리를 지르고, 오후에는 이따금 앞으로 상사가 되실 높은 분들이 찾아오셔서 회사에서 필요한 정신 무장과 현장에서 업무가 얼마나 치열하게 이뤄지는지에 대해 설명해주셨습니다. 때때로 '이런 건 도대체 왜 하는 일인가?' 싶은 이해가 되지 않는 연수원 프로그램도 있었지만, 회사생활이라는 것이 모든 일에 의미를 두고 임해서는 안 된다는 주변의 충고와 나도 남들처럼 해내고 있다는 고취감에 그럭저럭 넘어갈 수 있었습니다. 더 큰 목소리가 나올 때까지 반복해서 얼차려를 주는 교육이 끝난 다음 날 가장 나이가 많았던 서른한 살 동기 형이 연수원을 그만두고 본래 공부했던 시험을 다시 준비하겠다며 돌아갔습니다.

당시엔 그저 동기 형이 일이 힘들어서 회사로부터 도망쳤다고 생각했습니다. 그리고 훗날 퇴사를 결심하게 되었을 즈음 그제야 동기 형은 회사에서 도망쳤던 것이 아니라 또 다른 도전을 하러 간 거라는 생각이 들었습니다.

대학 졸업 후 첫 번째 취업을 그렇게 급하게 한 이유는 고향으로 도망친 사람이 되고 싶지 않았기 때문입니다. 스스로도 도망친 사람이 되고 싶지 않았고 도망쳤다고 바라볼 주변의 시선도 걱정되었습니다. 그렇게 싫은 상황들을 피하고자 선택한 회사생활은 전혀 즐겁지 않았습니다. 도망친 사람이 되지 않는 일은 시간과 인생 모두를 쏟아부을 만큼의 가치는 없었고 도망친 사람이 되지 않는 것보다도 모든 선택에 앞서 자신을 생각해보는 것이 더 중요해졌습니다.

직장생활 3년 차, 신념 3가지

권선영

하나. 초반부터 달리면 숨이 차다

첫 발걸음을 떼고, 입사 통보를 받았다. 출근 첫날, 주위를 둘러보면 한없이 적응된 몸짓으로 자기의 일을 해내는 다른 직원들을 볼 수 있다. 나만 아무것도 모르는 것 같고, 빨리 적응해야 할 것 같은 부담감이 눈 앞을 가린다. 그래서 그런지, 나도 그렇고, 주변 초년생도 그렇고 몸은 경직된 채 투철한 자세로 업무를 수행하려 한다. 그런 적극적인 자세는 참으로 모범적이다. 그렇게 모범적인 자세로, 업무를 적극적으로 받아들이면 어느새 눈앞에 산더미처럼 쌓인 업무량을 실감할 수 있다. 사람의 에너지가 무한하다면 얼마나 좋을까? 안타깝게도 우리의 몸은 에너지가 계속 소진이 된다. 첫 직장의 기억을 떠올리자면, 항상 스프링 튕기듯이 반응하고, 뭐든지 긍정적인 모습으로 임했다. 그렇게 직장 내 나의 이미지가 고착되는 줄도 모르고, 야근을 도맡아 하게 됐다. 정신없이 일을 하다 보면 어느새 저녁을 쫄쫄 굶었고, 급하다는 이유로 화장실도 가지 않고 뭐든지 참았다.

그렇게 시간이 지나고 내 마음엔 병이 자라났다. 회사라는 울타리 밖에서 모든 일에 yes를 외치고 나아가는 사람은 극소수일 것이다. 그러니 나 자신의 한계를 알고, 몸을 사리면서 통찰을 해나가며 자신의 업무에 대한 기준을 두는 것이 중요하다. 현대 사람들이 '워라밸(Work-life balance)'이라는 일과 삶의 균형을 중시하는 것처럼, 뭐든지 yes를 외치는 사람은 단거리 경주는 성적이 좋을지 몰라도 장거리로는 좋은 기록은커녕 완주조차 못 할 수 있다. 결승선까지 버텨낼 힘을 의식적으로 남겨놓아야 한다. 토끼와 거북이의 거북이처럼 우직하게!

둘. 침묵이 최선은 아니다

일방향으로 이루어진 관계는 그 화살을 받는 사람에겐 압박감, 자유롭지 못한 감정을 느끼게 만든다. 나의 20대 초중반을 되짚어보면 참 많이 참았다. 내 성격이 좋았다는 건 전혀 아니다. 나는 어릴 때부터 내가 느끼는 감정에 솔직하게 표현하는 편이었다. 그렇지만 '사회초년생'이라는 타이틀을 달고, 사회에 놓였을 때, 내 의견을 이야기하는 게 두려웠다. 다름을 표하는 순간 야생에서 배척당할 것 같은 공포감을 느꼈기 때문이다. 이런 공포감을 갖고 아르바이트를 하거나 직장생활을 시작하면서 남모를 고충이 하나둘 생겨났다. 그저 세상이 나에게 얄궂게 대하는 것만 같았다. 고민 끝에 조직 내 고충에 대해 해결할 방법을 고민했다. 직접 입을 떼고 말을 하려니 축적된 감정에 휘둘리는 기분이었다. 이성적으로 해결하고 싶었다. 무작정 글을 써 내려가면서 내 생각의 요점을 손으로 눈으로 되짚기 시작했다.

그리고 나 스스로 정리가 끝났을 때 상사에게 면담을 요청했다. 직장 내 면담은 퇴사한다는 결심을 하고서야 행할 수 있었다. 만일 나처럼 일에 대한 적재된 분노가 있는 사람이 면담하지 않고 그저 조용히 퇴사하려 한다면, 나는 조심스레 아래와 같이 마지막 제안을 건네보고 싶다. 면담하고나면 부서 이동의 기회가 있을 수 있고, 나아질 다른 조치가 있을 수도 있다고. 해봐야 안다고. 한 번은 뱉어내 보라고. 힘들다고 참는 게 능사만이 아니다. 불평만 늘어놓으라는 말이 아니라 지혜롭게 나아갈 방법을 모색할 필요가 있다는 것이다.

셋. 업무 능력 향상시키는 나만의 자세

전공과도 성향과도 거리가 먼 채권 관리라는 업무를 맡게 되었다. 갑작스러운 선임자의 퇴사로 얼떨결에 채권 업무를 담당하게 되었다. 솔직하게 말하자면, 전공 수업 때 가장 싫어하던 과목은 회계 수업이었다. 숫자와 나는 기름과 물처럼 섞일 수 없는 관계라 여기며 살아왔는데 현재는 이전의 자료를 모조리 갈아엎고 스스로 다시 만들어내야 했다. 이 상황을 설상가상이라 표현해야 할까? 그 힘난한 과정에서 취합한 데이터가 맞지도 않고 어떤 자료가 정확한지도 모르는 패닉 상태에 이르렀다. 그리고 참 많이 혼이 났다. 퇴근할 때면 굳이 회사에서 먼 잠실역까지 걸어갔다. 눈물을 흘리며 절망한 나를 다독일 시간을 벌기 위해서. 아무리 봐도 잘할 수 없고 지독히 싫은 업무지만, 당시 나는 부서 이동을 외치지 못했다. 왜냐하면, 말할 용기가 없었기 때문이다. 때로는 용기가 없는 게 팔자를 꼬게 하는 결정적 계기가 되기도 한다. 내가 그랬다. (이러한 이유로 '침묵이 최선이 아니다'라는 걸 먼저 강조했다.)

이렇게 고통을 겪었지만, 결론은 잘 해내고 싶었다. 그래서 그때부터 부장님이 지시하는 모든 업무 관련 사항을 메모하기 시작했다. 데이터 관련 업무였으니 체계적인 시간 분배가 필요했다. 체크리스트를 확립하고 매일 출근하면 업무의 우선순위가 무엇인지, 왜 업무를 하다가 막히는지 대해 '사유(思惟)'하기 시작했다. 이전까진 지시받은 업무에 대해 단편적으로 '빨리 해결해야지'라고 생각했다면 이제는 '자료의 목적과 핵심이 무엇인지, 왜 중간에 실행이 더딘지' 등 집요한 고민을 하기 시작했다.

내 귀와 기억을 믿기 보다는 써 내려간 메모를 믿었고 나는 더욱 신중하게 업무를 해나갔다.

그렇게 2개월을 꽉꽉 채워 갖은 시련을 겪다가, 처음으로 업무에 대한 호평을 받았다. 그제야 깨달았다. 누구나 일에 대한 신념과 깊이가 다르다. 업무에 대한 혹평을 받던 시절엔, 그저 하라는 대로 임시방편으로 흘러가고 싶었다. 그러나 그런 태도로 업무의 질이 좋아질 리가 없었다. 일을 잘하고 싶다면, 집요하게 파고드는 어떠한 통찰이 필요하다는 걸 알았다. 더 나아가, 결말도 알게 되었다. 애정이 없는 곳에는 절대 집요하게 파고들 수도 없다는 것을!

이렇게 짧게나마 적어본 사회생활에 대한 단상 속에서 그간 수많은 처세를 배웠고, 부정했고, 연구하고, 실천해온 것을 알 수 있다. 3년이라는 시간이 누군가에게는 턱없이 적은 시간이지만 자신의 능력을 발전시키기에 결코 짧지 않은 시간이고, 우수한 결과를 낼 수 있는 충분한 시간이라 생각한다. 나만의 경험과 결과이지만 나와 비슷한 마음을 갖고 오늘도 힘겹게 그러나 대견하게 출근길에 오른 누군가에게는 조금이라도 도움이 될 수 있길 바라며 1장을 마친다.

자유를 위한 한 발짝

김민지

"시켜만 주세요. 무슨 일이든지 자신 있습니다."

기나긴 공부를 끝내고 드디어 20대라는 타이틀을 달았다. 설렘과 가슴 벅찬 스무 살. 빛나는 미래를 꿈꿨지만 현실은 IMF 후유증에서 벗어나기 힘들었다. IMF라고 해서 모든 사람들이 경제적인 어려움을 겪은 것은 아니나 불행히도 우리 집은 직격탄을 맞았다. 걱정 없이 공부만 하던 고3 시절, 눈 앞에 벌어지는 현실은 꿈처럼 보였다. 갑자기 이사를 해야 했고 이런 상황을 부모님의 간단한 설명으로 받아들여야만 했다. 마음속으로는 당황스럽고 서글펐지만 겉으로는 무너지지 않으려 애써 담담한 척했던 것 같다. 초등학교부터 고등학교까지 12년간 나름 꿈꿔왔던 대학생활이 있었다. 하고 싶은 전공 분야를 깊게 탐구하면서 공부에 쫓기지 않고 공부를 즐기는 삶. 하지만 눈 앞에 펼쳐진 현실은 달랐다. 대학 생활은 학문 연구도 중요하지만 일차적으로 취업 준비가 우선이었다. 취업을 잘하기 위해서는 대학 1학년 때부터 전공과 관련된 인턴 생활, 아르바이트, 추가적인 공부를 차곡차곡 해야만 한다.

이런 현실을 외면한 채 뒤늦게 온 사춘기로 나는 부모님 속을 조금 태웠다. 말 잘 듣고 자기 일 알아서 하던 딸은 친구들과 놀러 다니고 종교 모임에 빠지고 현실과 동떨어진 공부만 하고 있었다. 졸업 후 바로 취업할 생각은 안 하고 통번역대학원 준비를 하고 있었으니 교사가 되기를 원했던 부모님 눈에는 안타깝고 한숨만 나오셨을 것 같다. 그래도 원하지 않는 곳에 취업하기는 싫어 3학년 말이 되어서야 뒤늦게 입사 전쟁의 문고리를 잡아당겼다. 셀 수 없이 '입사 지원' 클릭을 반복했지만 드문 드문 본

면접마저도 실패를 거듭했다. '계속해야 하나? 언제까지?'라는 생각은 지원서 클릭 버튼을 누를 때마다 들었다. 충분한 준비를 하지 않았던 스스로가 마치 죽을 것을 알면서 불빛에 달려드는 불나방 같아 싫어지기도 했다. 그렇게 지쳐갈 때쯤 면접에 최종 합격했다는 전화를 받았다. 쉽사리 믿어지지 않았지만, 드디어 신입사원 자격이 주어진 것이다. 원하던 직장은 아니었지만 역시 세상은 나를 버리지 않았어!'라고 안도하며 환호했다.

첫 직장은 작은 의류 무역회사였다. 새벽 6시에 집을 나와 밤 10시나 되어야 집에 돌아왔고 주말에도 종종 출근했다. 출장이라도 가면 새벽 서너 시까지 일하기도 했다. 내가 보던 드라마에 나오는 주인공들은 이렇지 않았다. 그들의 말끔한 복장은 하루 종일 구겨지지 않았고 불만 사항을 망설임 없이 자신 있게 말했다. 그들은 깔끔하고 화사한 책상에서 우아하게 컴퓨터를 두드렸다. 드라마 밖의 회사는 굳이 말하지 않아도 알 만하지 않을까. 칙칙한 회색 책상 위에 컴퓨터는 있지만 제발 인터넷이 끊겨 작동하지 않는 불행이 없기를 기도하며 하루 일과를 겨우 처리한다. 회의 시간은 또 어떤가. 의견을 말해보라는 사장님 앞에서 눈동자만 요리조리 굴러가는 소리가 아득하게 들릴 뿐이었다. '직장이 원래 이런가?'라는 의문이 끊임없이 들었지만 모두들 말없이 자신의 자리를 지켜내고 있었다. 주로 아침 7시 30분까지 출근한 동기들과 8시 업무를 시작하기 전까지 탕비실에서 간단하게 토스트를 먹으며 아침식사를 대신했다. 지금 생각해보면 사방이 다 뚫려 있는 탕비실에서 우리끼리 나누던 말이 과연 비밀이기나 했을까라는 생각이 들지만 직장의 불합리한 처사들, 일만 시키는 직속 사수에 대한 불만, 불안한 미래에 대해 숨 죽여서라도 얘기하지 않았다면 견디기 힘들었을 것이다. 그나마 그 좁은 공간에서의 대화로 서로를 의지하고 지지해주었으니까.

과연 이 회사에서 나의 미래를 꿈꿀 수 있을까, 점점 발전해가고 성장해가는 나를 그려볼 수 있을까. 의문은 끊임없이 나를 쫓아다녔다. 입사한지 일 년을 버텨가고 있을 즈음 다시 번역 일에 도전해보고 싶었다. 시간에 쫓기지 않고 스스로 일을 만드는 프리랜서에 도전하기로 결심했다. 하지만 매달 꼬박꼬박 들어오는 월급으로 안정적인 생활을 하고 있었기 때문에 '용기'라는 단어를 꺼내는 일이 쉽지 않았다. 그래도 마음속에 꾹꾹 눌러 담았던 '용기'를 꺼내기로 한 이상 뒤돌아보지 않았다. 홀로 걸어보기로 결심했다. 더 이상 결심하기 전에 상사의 눈을 마주치지 못했던 내가 아니었다. 일주일 뒤, 사장실에 거침없이 들어가 나를 찾아 떠나겠다고 그만두겠다고 드디어 말했다. 회사에서 시키는 일은 마땅히 해야 하는 줄 알고 '싫다', '아니다'라는 말을 안으로 삼키고 있었는데 마침내 사표를 내면서 '더 이상 여기서 일하기 싫다'라는 말을 하고야 말았다. 당당히 말한 뒤 사장실 문을 뒤로한 나의 얼굴에 소리 없는 미소가 번졌다.

드디어 누구의 경제적 도움 없이 내가 번 돈으로 당분간 원하는 공부를 할 수 있었다. 일 년간 버텨온 결과로 하고 싶은 일, 바로 영상 번역에 도전할 수 있다니! 20대의 들뜬 가슴과 열정만이 가득했다. 영화를 보면 아랫부분에 하얀 글씨로 써진 자막이 바로 영상 번역 작가들이 하는 일이다.

작가라는 말이 붙는 이유는 아마도 대사 그대로 다른 언어로 바꾸기만 하면 되는 것이 아니라 문화를 이해하고 재해석해서 뜻을 잘 전달하는 일까지 해야 하기 때문일 것이다. 영화를 볼 때 무심코 봤지만 이제는 내 일이 될 거라고 생각하니 설레었다. 미디어와 영어를 좋아하는 나에게 이보다 딱 맞는 일이 또 있을까 싶기도 했다. 영화 엔딩 크레디트(ending credit)에 '번역 김민지'라는 자막이 언젠가는 올라가겠지. 집에서 배우는 곳까지 왕복 다섯 시간이 걸렸지만 여행 가는 사람처럼 매일 두근거렸다. 하고 싶은 일을 위해 공부하며 배우는 것이 이렇게 좋다니. 매일 아침, 누가 깨우지 않아도, 알림이 울리기 전에 두 발은 이미 몸을 일으켜 세웠다.

6개월 공부하고 준비한 후 날개를 펼칠 거라 생각했지만 현실은 햇병아리 프리랜서일 뿐이었다. 퇴사 후, 나름 준비를 했지만 현실 감각은 제로였던 걸까. 프리랜서가 무엇인지, 번역가의 마음가짐은 어때야 하는지, 영상 번역은 무엇인지 뜬구름만 잡고 있었다니. 프리랜서의 사전적 의미는 일정한 소속이 없이 자유 계약으로 일하는 사람이다. 자유롭게 일을 하는 듯 보이지만 사실은 자유로운 거절을 수없이 당하기도 한다. 혼자서 발바닥에 불이 나도록 돌아다니며 나를 알려야만 겨우 일 하나를 할 수 있는 사람이 바로 프리랜서이다. 프리랜서도 직장인과 다를 바가 없다는 것을 첫 번째 일을 하면서 깨달았다. '나, 단단히 착각한 것 같아.' 불안했지만 스스로 선택한 일을 지금 당장 관둘 수는 없었다. 시간으로부터 자유롭고 싶다는 소망은 쉽게 이루어지지 않았다. 마감까지 마음에 들지 않은 문장을 붙들고 있어야 하니 당연한 일이었다. 회사는 고맙게도 매뉴얼과 시스템을 이미 갖추고 있고 그 틀 안에서 일을 하면 된다. 하지만 프리랜서에게는 아무것도 없다.

시간의 자유와 스스로 결정할 자유를 얻고 싶어서 프리랜서를 택했지만, 다시 시간의 노예가 되었으며 일을 달라고 나 좀 봐달라고 발로 뛰어야 했다. 처음 보는 계약도 알아서 척척 해야 했으며 회사에서 월급 나올 때 꼬박꼬박 떼어가던 세금도 물론 혼자서 처리해야 했다. 무엇보다도 규칙적으로 들어오는 돈이 없다는 사실은 프리랜서 새내기에게는 가장 고달프고 배고픈 현실이었다. 가난한 프리랜서의 생활은 언제 벗어날 수 있을까? 빠르면 5년, 적당히 10년은 뼈를 묻어야 조금씩 빛이 나기 시작하는 걸까? 10년 뒤에는 정말 가능한 일인 걸까? 나를 팔고 알리는 일에 유난히 소극적인 나에게는 이 생활이 벅찼다. 아니, 끈기와 용기 부족했던 걸까.

아쉽게도 내 첫 번째 프리랜서는 예상보다 오래가지 못하고 이별의 쓴잔을 마실 수밖에 없었다.

늘어난 역할

신하령

아이를 낳고 엄마로 지내면서 내가 '자유'에 대한 갈망이 크다는 것을 알았다. 그 자유에는 시간을 마음대로 쓸 자유, 무언가를 하고 싶을 때 방해받지 않고 할 자유, 특히 사용처를 밝히지 않고 돈을 쓸 자유에 해당한다.

남편은 너무 쉽게 아이랑 집에서 노는 사람으로 주부를 설명하지만 정작 집에 있는 엄마가 아이랑 함께 있으면서 나만의 시간을 보낸다는 것은 참 힘들다. 첫째가 어린이집에 가던 날 그 해방감은 이루 말할 수가 없다. 아이가 잘 적응할까 하는 걱정은 잠시고, 누군가의 방해 없이 집안일을 할 수 있는 것 자체만으로도 만족스러웠다. 그러다 둘째가 태어나고 또다시 시작된 신생아 육아와 미운 세 살의 육아로 하루하루는 정신없이 흘러갔다. 몸은 바쁘면서도 마음은 답답했다. 늘 똑같이 굴러가는 일상이 도대체 언제 바뀔까. 엄마라는 무거운 이름표를 달고 두 아이를 챙기다 보면 목구멍 위로 스멀스멀 '아, 제발! 단 한 시간만이라도 혼자 있고 싶어.'라는 말이 올라온다. 남편에게 참다못해 일주일에 단 한 번, 한두 시간만이라도 자유시간을 좀 달라고 말하면 "둘째도 어린이집 곧 보내잖아. 그때 실컷 혼자 시간 보내."라는 말이 메아리치듯 돌아올 뿐이었다.

인고의 시간이 흘러 두 아이 모두 등원을 하고 나만의 자유시간을 누리기도 무섭게 난 또 다른 자유, 경제적 자유를 위해 워킹맘이 되기로 했다. 아이들이 아직 어렸기에 일을 하고 싶다고 해서 전일제로 근무해야 하는 이전에 했던 일을 하기는 어려웠다. 비교적 시간이 적게 드는 일을 찾았다.

지인의 소개로 간 곳은 온라인쇼핑몰. 오전 11시부터 오후 5시까지 일하면 되었는데 감사하게도 점심을 해결하고 오는 조건으로 오후 12시부터 다섯 시간만 일하면 되었고 4대 보험까지 들어주셨다. 아이를 키우느라 일머리를 쓰지 않은지 오래되어 과연 실수하지 않고 잘 해낼 수 있을까 걱정이 되었지만 눈치 보지 않고 쓸 수 있는 여윳돈이 생긴다는 것만으로도 충분히 감격스러웠다. 또한 어딘가에 소속되어 아이 엄마가 아니라 내 이름으로 불릴 수 있다는 것도 좋았다. 입사 초반엔, '웃지 못할 실수담'에 대해 많이 들어서 걱정이 되었다. 오랜만의 직장생활이라 긴장한 내가 간단하고 쉬운 작업을 하면서도 혹시 실수하면 어쩌지 싶었다. 다행히 큰 실수는 없이 스스로 바로 잡아낼 수 있는 사소한 실수만 해서 그럭저럭 빠르게 일에 적응할 수 있었다. 하지만 일보다 어려운 것이 따로 있었으니, 바로 사람이 만드는 그 시간, 그 공간의 분위기에 적응하는 것이었다. 다른 직장에서는 회사 분위기의 온도에 대해 크게 느끼지 못했는데 워낙 소규모 사업장이다 보니 한 사람이 내뿜는 기운에 따라 공간의 온도 차는 심했다.

내가 다니는 사업장은 가족사업장이었다. 실제 일하는 곳은 사장님의 작은아들이 일을 도맡아서 하고 있고 나는 그분을 도왔다. 100미터쯤 떨어진 곳에 진짜 사장님이 운영하는 사업장도 있었다. 진짜 사장님과 부장님, 큰아들, 직원 3명, 가끔 바쁠 때마다 수시로 불려 나오는 사장님의 며느리까지 총 7명이 이 사업장의 구성원이다. 자식들에게 쇼핑몰을 만들어주면 서로 도와가며 운영을 할 거라 기대했던 사장님의 생각과 달리 서로의

견해 차이 때문에 수시로 부딪혀서 결국 같이 일을 못 하게 되고 기술적인 부분을 제일 잘 다루는 작은아들이 혼자 일을 진행하게 되었다. 그 이후로는 부모님과도 소통이 잘되지 않았고 도움도 제대로 요청하지 않으면서 힘들다고 불만을 토로했단다. 답답한 나머지, 작은아들과 함께 일할 사람을 구하셨고 내가 그 사람이었다.

반쪽짜리 '워킹맘'으로 일하게 되며 추가된 역할로 몸이 점점 피곤해지기 시작했다. 종일 서서 일하고 계속 먼지를 흡입하며 물건을 포장하고 쌓는 일은 생각보다 고됐다. 가끔 이상하리만치 일이 없어서 일찍 퇴근하는 즐거움을 누리기도 했지만, 내가 취업하고 몇 개월 후부터 물류가 늘어나며 (진짜 사장님의)작은아들과 둘이서 소화해내는데도 한계가 왔고 퇴근 시간은 점점 늦춰졌다. 내가 생각해도 난 상급자가 일 부리기 쉬운 사람이었다. 사장님이 잠깐 자리를 비워도 물 한 잔 마시지 않고, 화장실도 가지 않은 채 꿋꿋이 미련할 정도로 몸을 움직였다. 물류가 점점 늘어나자 제시간 안에 일을 마치기 어려웠고 점점 사장님 사업장에 도움을 요청할 일이 빈번하게 생겼다. 처음에는 가족간의 불화가 있기 전까지 3개월 정도 일을 했던 진짜 사장님의 큰 며느리가 와서 도와주며 나에게 여러 가지를 조언했다. 그녀는 늘 말끝에 "언니~"라고 했지만, 존댓말은 금방 반말과 섞여 돌아왔고 상사인 듯 상사 아닌 포지션으로 스리슬쩍 지시하거나 자신의 고충을 푸념처럼 늘어놓았다. 그래도 비슷한 또래에다 나보다 먼저 일을 배운 사람이라 조금은 의지가 되었고 우리 사업장 일까지 도와주니 한편으론 고마운 마음도 들었다. 나중에 안 사실이지만, 이분은 사회 경험이 전무 하다시피 했고 회사네 지분이 많지 않은 분이라 나에게 끼치는 영향력은 점점 약해졌다. 실세는 따로 있었다.

"차 한잔 마시고 가요."
처음엔 일하기 전에 차 한잔하면서 좀 쉬라고 하는 부장님(진짜 사장님의 아내이자 작은아들 사장의 어머니이자 실세)의 배려인 줄 알았다. 그래서 "괜찮아요."라며 답한 후 바로 작업장으로 넘어왔다. 그러나 뭔가 나와 이야길 나누고 싶어 하시는 눈치가 보일 때는 바로 거절하지 않고 응했는데 언젠가부터는 차 한잔 마시자는 말이 부담으로 다가왔다. 부장님이 본인 아들과 소통이 잘 안 되어, 상황 파악을 하거나 정서적 스트레스를 나에게 풀어놓기 시작하면서부터일 거다. 사업장에서는 일하면서 사소한 실수부터 큰 실수까지 다양하게 불거져 나왔다. 물론 나의 실수도 있었지만 실수한 후 바로 알아차리고 수정할 수 있는 일들이었고, 큰 실수는 긴밀히 협력하고 소통을 해야 함에도 불구하고 가족 간에 업무를 공유하지 않아 벌어지는 일들이었다. 옆에서 가족 사업을 지켜보는 나로서는 어차피 사업장이 가족 중심으로 운영하는 것이기에 서로 섭섭한 건 제때 풀고 좀더 배려하고 수익창출을 바라보며 함께 의기투합하면 될 것 같은데 항상 소통도 안 되고 늘 자신들 입장만 얘기하며 상대를 이해 못 하는 것이 참 안타까웠다. 중간에 있는 나로서는 이따금 냉랭해지는 분위기에 그 자리에 함께 있는 것이 몹시 갑갑하게 느껴졌다. 괜히 내 잘못도 아닌데 자신들의 안 좋은 감정으로 나에게까지 예민하게 굴면 마음도 불편했다.

일 년 중 제일 바쁜 시기인 명절을 네 번이나 보내고 일에 어느 정도 손도 익숙해지고 사람들에게도 적응했겠다, 월급과 시간도 적절하겠다, 여러 모로 그럭저럭 괜찮은 편이라 꽤 오래 일할 수 있을 거라는 긍정적인 생각으로 마음을 다잡곤 했다. 하지만 가끔 오래 있고 싶은 직장은 아니란 생각이 머릿속을 둥둥 떠다니는 것은 막을 수 없었다. 단순히 감정에 휘둘리지 않은 채 시키는 일만 실수 없이 해내고 싶었다. 말 섞지 않고 평범하게 다니면 그만이라고 생각할 수도 있겠지만, 난 정이 있고 마음이 통하고 나의 진심을 알아봐 주는 곳에서 일하고 싶은 욕심이 생겼다. 시간이 흐를수록 역시 남의 돈 버는 건 내 생각과는 다르다는 것을 뼈저리게 느낄 수 있었다. 나의 잠재력을 발견하고 재능을 발휘하여 인정받는 것은 그냥 마음속에 고이 담아둬야 하는, 이뤄지지 않는 직장생활에 대한 높은 가치 추구인 걸까? 이상향인 걸까?

2
안녕히 계세요

스물아홉 : 인생 낭비 좀 하면 안 되나요?
서른, 나만의 금목걸이
살라, 오늘이 마지막 날인 것처럼
바깥의 삶을 상상해보다
나는 살아 있는데 자꾸 죽었다 생각하라니
열심히만 하면 될 줄 알았지
나를 찾기 위한 준비 두 발짝
현실과 이상 사이

스물아홉 : 인생 낭비 좀 하면 안 되나요?

함승혜

베짱이의 삶을 사는 지금은 주변 사람들이 상상할 수 없다고 하지만, 20대 후반에는 가이드라는 일에 심취해 나름 잠도 제대로 자지 않고 휴일도 없고 친구도 가족도 챙길 수 없는 일밖에 없는 삶을 살았다. 사실 내 성향이 그런 것 같다. 한 번에 여러 가지 일은 하기 어려운 사람. 할 때는 몰입해서 어느새 끝을 보고 마는, 그러다 번아웃이 왔다. 흔한 이야기다. 한계치를 넘기면 터져버리는 단순한 원리다. 내 몸의 그릇이 견딜 수 있는 그 이상의 스트레스와 과로로 인해 건강에도 이상 신호가 왔다. 스트레스성 만성 위염, 몸의 호르몬 이상, 갑상선 기능저하증과 쉬어도 쉬어도 풀리지 않는 만성피로. 한의원에서는 화병을 진단받았다. 쉬면서 2주가 지난 뒤에는 원형탈모도 몇 개 있다는 걸 알게 됐다. 5년이 지난 지금 돌아보면 나란 사람은 어쩌면 남들보다는 조금 적은 스트레스 소화 한계치를 가지고 있는 게 아닐까 하는 생각이 든다. 뭐 어쩌겠는가, 가진 그릇이 작다면 그에 맞춰 살아야지.

일을 한 달쯤 쉬면서 일주일을 넘게 집에서 잠만 자는데도 몸 상태가 돌아오지 않자, 병원에 가서 이런저런 검사를 받았다. 갑상선 호르몬 이상으로 평생 약을 먹어야 할지도 모른다는 청천벽력 같은 말을 듣는 순간, 곧장 회사에 전화해 휴직 말고 일을 그만하겠다고 이야기했다. 내 몸이 학대하지 말아 달라고 비명을 지르는데, 그걸 무시할 순 없지. 내가 제일 소중하니까! 늘어져 죽고도 남을 만큼 쉬고 나니 컨디션이 조금씩 돌아왔고 다음엔 뭘 해볼까 생각을 하는 자발적 백수가 된 스물아홉 살 여름의 어느 날, 우연히 친구가 지나가는 말로 자기는 일을 그만두면 세계 일주를 가고 싶다는 말을 했다.

그으-래? 난 이미 그만뒀는걸? 꿈만 꿀 거 뭐 있나요? 직접 한번 해보지 뭐! 놀러 나가자, 세계로! 무얼 생각해도 짜증이 앞서던 내가 실실 웃음을 흘리면서 신이 나는 한 가지가 있었으니, 그건 바로 세계 일주! 꿈만 꿀 필요 없다. 가보자. 돈? 쓰자! 없으면 또 벌겠지 뭐. 나를 위해 조금만 써보자. 복잡하게 생각하지 말고 그냥 저지르고 보자구. 올해 남은 시간, 이제 일은 안 할래! 통장은 점점 빈곤해지겠지만, 지쳐 일을 그만두고 싶은 마음이 있는 이들은 부럽다고 하는 자발적 백수. 벌 수 있는 돈을 포기하고 시간을 사겠습니다. 내년에 여행을 마치고 서른이 되면 난 또 막막하겠지만, 지금이나 내년이나 뭐 다르겠어, 떠나보겠어요.

짐은 어떻게 꾸릴지? 코스는 어떻게 짤 것인지? 경비는 어떻게 맞출지? 미리 준비할 것은 뭐가 있는지? 꼭 필요한 살 것은 뭐가 있는지? 여러 가지로 생각할 것들이 많은데 왜 이렇게 신이 나는지? 비행 어른, 아직도 철이 덜 들었나 보다. 생각을 많이 하면 더 어려워요. 단순하게, 지금 당장 하고 싶은 대로. 그길로 나가 최저가의 적당히 쓸 만한 큰 배낭을 하나 사 왔다. 배낭이라곤 일평생 메본 기억이 없었지만, 그렇게 자발적 백수는 오늘이 마지막인 듯, 구체적인 계획 없이 그냥 집을 나왔다.

그렇게 세계 여행을 하겠다고 가방을 싸 들고 집을 나온 지 156일. 지난 5년간 필수품이었던 위장약과 헤어진 지 5개월쯤 지난 어느 날, 과테말라

(Guatemala)의 안티구아(Antigua)라는 마을에서 뜬금없이 스페인어 공부를 하며 풍성한 머리숱에 활짝 웃는 얼굴로 맞이한 겨울, 29.9세. 조금 모인 돈과 앞으로 벌었어야 할 돈을 내고 스물아홉 살에서 서른 살이 되는 나의 시간을 샀다. 세계 정복을 했냐 하면 못 했고 택도 없지. 내가 몰랐던 세상의 극히 일부분을 아주 잠시간씩 스쳐 지났을 뿐이다. 몇 달 더하면 정복할 수 있냐, 아니, 집에 갈 때쯤엔 정복하고 가는 거냐 하면 글쎄. 아주 거창한 변화가 있기를 바라지도 않아. 결국 난 내 자리로 돌아가 현실을 살아야 할 테지.

그래도 지금의 내가 10년 전 고등학생 함승혜가 꿈꾸던 삶을 어쨌든 현실로 만들어 낸 것처럼 그냥 머릿속에서 꿈꾸는 것들을 현실로 하나씩 실현해 가며 살고 싶다. 나의 욕구를 모른 척하거나 견디면서 버티면서 살지는 않고 싶을 뿐이야. 어떤 사람들은 "우와, 대단하다. 부럽다!" 며 응원하기도 하고, 어떤 사람들은 "그래서 돌아오면 뭐 한대? 나이 먹어서 어떻게 살려고 저런다니?" 걱정 혹은 비난도 있지만, 글쎄. 어떻게든 살지 않을까? 세상은 이렇게 넓고, 나는 이렇게 건강한데 죽지만 않는다면 뭐라도 하겠지.

중미의 해변 모래사장 햇볕 아래 널어놓은 빨래처럼 드러누워 행복한 표정을 짓고 있던 어느 오후였다. 한국에 있는 소중한 사람과 전화 한 통. 누구보다 열심히 살던 그가 이루지 못한 성취 때문에 좌절하고 인생을 괴로워하기에 잠시 위로를 건네다 느낀 마음.

준비하던 시험에서 떨어지면, 취업을 하지 못하면, 무언가를 이뤄내는 시간을 보내지 않으면, 열심히 하지 않으면, 그러면 우리의 인생은 낭비되는 걸까? 우리는 패배자일까? 의미 없는 삶일까? 인생 낭비 좀 하면 안 될까? 괜찮아. 낭비 좀 하시죠. 뭘 해도 낭비가 될지도 모르는데, 애초에 기준부터가 모호하잖아. 안정된 삶의 안정의 기준. 인생 낭비의 낭비의 기준.

스페인어 공부해서 뭐 할래? 꼭 뭘 해야 하나? 그냥, 그냥 배워본다. 지나가는 친구나 하나 더 사귀려고. 더 많은 목소리를 들을 수 있는 사람이 되어보려고. 아마 아주 유창하진 않아서 뭐에 쓸 수 있을지는 몰라도, 그냥 내 삶이 조금 더 풍요로워지거나 그저 작은 자기만족을 위해서 해보는 것뿐. 애초에 일상에 그렇게 의미 있는 일들이 많지도 않은데, 좀 의미 없는 일 하면 어때. 내가 좋아서 하는 건데. 이제 곧 통장 잔고는 바닥이 날 텐데 모두 나처럼 살라고는 할 수 없지만. 그래도 각자의 자리에서, 모두가 행복했으면 좋겠다. 늘 나 자신이 내 생각보다 더 좋은 사람임을 알고, 힘든 일이 있어도 너무 좌절하지 않고 다시 툭툭 털고 일어났으면. 별이 얼마나 예쁜지, 오늘은 달이 어제보다 얼마나 커지고 작아졌는지도 한 번씩 볼 수 있는 여유를 가졌으면. 바람이 불면 얼마나 기분 좋은지, 소중한 사람과 마주 앉아 밥 한 끼 먹고 시답잖은 이야기를 하며 바보같이 웃는 게 얼마나 좋은 일인지 잊지 않고 웃으면서, 행복하게 살았으면.

행복하세요?

저는 지금 행복합니다.

서른, 나만의 금목걸이

이수빈

시스템이 잘 갖춰진 큰 회사에서 일을 배우고 커리어를 쌓아간 다는 건 직장인으로서 굉장히 안정되고 걱정 없는 삶이었다. 입사 전, 이제 막 시작하는 소규모의 회사에서 인턴 생활을 겪으며 체계 없는 불안한 모습을 많이 봤기에 대기업이 주는 안정감은 놓칠 수 없었다. 명함에 적힌 회사의 이름과 직함, 그것이 20대의 나를 나타내는 전부였다. '나 자체'로서의 삶은 없었다. 밥 먹듯 당연시하는 야근과 끝없는 업무에 주중에는 회사 밖 시간은 엄두도 못 냈고 주말엔 부족한 잠을 몰아 자느라 혼자만의 여유를 가질 틈이 없었다.

평소처럼 야근을 하던 어느 날, 문득 이런 생각이 들었다. 내 인생 목표가, 꿈이 뭐였더라? 어릴 적 인생 목표라 함은 단지 직업이었기에 초등학교, 중학교 시절엔 피아니스트, 고등학교 시절엔 외교관과 방송국 PD, 그리고 호텔리어였다. 꿈꾸던 직업 중 하나가 되는 것에 성공했지만 언제부터 직업의 꿈을 이뤘다고 세상 목표를 다 이룬 듯 좋아하고 있던 걸까. 그렇다면 직업의 꿈을 이룬 지금, 내 새로운 꿈은 무엇인가.

'꿈이 사라졌다!' 그게 가장 큰 문제였다. 내가 그렇게 꿈꾸고 원했던 호텔에서 일하는 사람이 됐음에도 그 성취감도 잠시, 하고 싶은 것도 되고 싶은 것도 없이 학자금 대출을 갚기 위해 돈을 벌고, 일의 고단함을 잊기 위해 친구들을 만나 수다를 떨고, 피로를 떨치기 위해 잠을 잘 뿐이었다. 입사 당시 목표로 했던 '능력을 인정받아 빨리 진급해야지!'라는 생각은 어느 순간 사라진 지 오래였다. 오히려 그 자리에 앉아 있는 저 선배가 나의 미래가 되지 않기를 바라고 있었다. 그저 먹고살기 위한 꿈이 아닌, 좀더 넓고 깊은 인생의 의미를 찾을 수 있는 꿈을 다시 생각해보고 싶었다. 내가 즐거워하는 것이 무엇이고 어떤 삶을 원하는지, 20대의 절반을 보낸 이 작은 울타리를 벗어나 넓은 세상을 경험해보고 싶었다. 그 누구의 눈치도 보지 않고, 내가 가진 시간, 여유, 돈, 쓰고 싶은 대로 써보며 살 자유. 인생에 한 번쯤은 있어도 되지 않을까? 서른, 바로 지금이다. 그래, 내가 좋아하는 유럽으로 떠나보자! 늘 꿈만 꿔왔던 그곳에서 까짓것 살아보자!

한번 마음을 먹고 나면 과감하게 지르는 단칼 같은 성격 덕에 퇴사 결심을 하고 나니 그 뒤의 일은 일사천리로 진행되었다. 구체적 일정 없이 유럽 구석구석 방랑해보기를 목표로 잡았고 학자금 대출을 다 갚을 무렵, 퇴직금이 여행 자금으로 충분해질 무렵, 미련 없이 그날 퇴사를 하기로 결정했다. 만 30세를 코앞에 두고 있어 만 30세까지만 가능하다는 워킹홀리데이 비자를 받기 위해선 빠른 행동이 필요했다. 우선 출퇴근 시간을 이용해 틈틈이 유럽 국가들에 대해 조사를 바로 시작했다. 여행으로는 여러 나라를 이미 가봤지만 관광지로 좋았던 곳과 머물며 지낼 곳을 찾는 것은 다른 문제였기 때문이다. 다양한 국가를 조사한 결과, 유럽 국가 중에서도 가장 안전성이 높은 독일에서 방랑의 첫 발걸음을 하기로 결정했고 독일 워킹홀리데이 비자를 신청함과 동시에 처음 접해보는 낯선 독일어도 차근차근 배우기 시작했다.

돌이켜보면 퇴사 후 유럽으로 떠난다는 계획은 운명이었는지도 모른다. 스물다섯, 입사를 코앞에 두고 3주간 생애 첫 유럽여행을 갔을 때, 마지막 여정이었던 체코 프라하에서 친구에게 엽서를 쓴 적이 있다. 엽서의 말미에는 유럽이 너무 좋아 10년 안에 여기에서 꼭 살겠다는 다짐이 담긴 글씨들이 꾹꾹 눌려 담겨 있었는데, 딱 10년째였던 작년, 우연히도 그 엽서를 친구로부터 돌려 받게 됐다. 짧은 시간이지만 살아보겠다는 나와의 약속을 지켜냈으니 스스로 참 기특한 순간이었다.

입사 3년 차 때는 병원에 입원할 정도로 크게 앓은 적이 있다. 입사 1년 차에 이은 생애 두 번째 입원행이었다. 장맛비가 부슬부슬 내리던 여름, 병실에 누워 한없이 창밖의 비를 바라보고 있자니 어릴 적 읽었던 소설 『마지막 잎새』(1905년 O.헨리의 단편소설)가 문득 생각났다. 독한 약을 먹어 자고 일어나면 얼굴은 늘 퉁퉁 부어 있었고, 베개엔 빠진 머리카락들이 가득했다. 일주일이 지나니 머리카락은 절반 이상 빠져 있었다. 신체 어느 부위가 아파 힘들다기보다 꽃다운 20대를 이런 모습으로 보내야 하는 심적 고통이 더 컸다. 내가 왜 이렇게 일하고 있는 걸까? 뭘 위해서 일하고 있는 걸까? 나는 지금 행복한 걸까? 이렇게 일하다 갑자기 죽으면 어떡하지? 온갖 인생의 고뇌가 담긴 생각을 깊게 하다 평생 이렇게 살면 안 되겠단 생각에 현재를 좀더 즐기기로 했다. 입원했던 이 2주의 시간은 계획적이고 미래 지향적이었던 그동안의 가치관을 현재 지향적으로 바꿔놓게 되는 큰 계기가 되었다.

퇴사 결심의 가장 결정적인 '한 방'이 되었던 3단계. 첫 승진이었던 대리 진급에 누락이 되었다. 개인의 능력에 좌우한 승급이었다기보다는 회사 구조상의 어쩔 수 없는 누락이었음에도 불구하고, 결과적으로 진급에 성공한 동기들이 있고, 실패한 동기들이 있기에 배경은 차치하고서라도 나의 능력 부족 같아 자책감과 우울감에 며칠간 잠을 못 잘 정도로 분했다. '내가 이렇게 열심히 일했는데 나를 누락시킨다고? 나의 능력을 몰라주는 곳에선 일하고 싶지 않아!'라는 반발심은 결국 퇴사로 한 발 더 가까이 다가가게 했다.

'퇴사합니다!' 공표한 후 "이 좋은 곳을 두고 어딜 가려고.", "집이 좀 먹고 살 만한가 봐."라는 말들이 붙어 다녔다. 한편으로 관두고 싶지만 관둘 용기가 없는 이들에겐 대리만족을 느끼게 해주는 영웅이 되었다. 5년간 나의 프라이드였던 사원증 목걸이를 반납하고 사직서에 결재 도장이 찍히던 날. 이 사소하지만 큰 선택이 내 인생 어떤 날갯짓의 시작이 될까. 팀원들과 성대한 작별 파티를 하고 집으로 돌아와 독일로 떠날 짐을 싸니 그제야 '나 진짜 일을 저질렀구나.'가 느껴졌다.

수하물 무게를 추가해서까지 꽉 차게 짐을 실은 캐리어 두 개로 부족해 어깨에 짊어질 배낭도 기내수하물 무게 기준을 채웠다. 빽빽하게 싼 짐을 보고도 여자 혼자 아는 사람 하나 없는 타국에서 어떻게 지내냐며 마지막까지 걱정만 하시는 엄마를 뒤로한 채 2016년 4월 19일, 나는 그렇게 독일행 비행기에 올라탔다.

살라, 오늘이 마지막 날인 것처럼

이영지

30대가 된 나는 휘몰아치는 업무량과 계속해서 보이지 않는 적들과 싸우는 일은 될 수 있으면 피했다. 하지만 감정노동을 그만두고 나서도 예전처럼 다시 시를 쓰지는 못했는데 풍부했던 감수성보다 실질적이고 효과적인 일들을 찾아 살아가는 게 현실에 맞는다고 생각했던 거 같다. 그래도 혼자 생각할 시간이 나면 자연스레 '행복이란 무엇인가?'라는 철학적인 질문을 해왔다. 희망이 담긴 책들이 있었고, 깔깔거리며 웃을 수 있는 TV 프로그램이 있었고, 듣는 순간 심장을 때리는 강한 노래들이 있었다. 그래도 나의 물음에 대한 명쾌한 해답은 찾을 수가 없었다. 어떤 취미를 가져도 곧 시시해졌고 삶이 무기력하고 재미가 없었다. 항상 주변 사람들에게 "뭐 재밌는 거 없어?"라고 물어볼 만큼 내 일상이 잔잔한 파도 같았다. 난 거친 파도가 주는 하얀 폭풍을 좋아했다. 심장을 쫄깃하게 만들 일들이 일어나길 상상해왔다. 즐겁고 신나는 일상들을 꿈꿔왔지만, 아쉽게도 내게 찾아온 건 시련이었다.

내 나이 서른둘, 갑작스레 아버지가 말기 암 판정을 받았고 요양보호사였던 어머니는 아버지 병간호를 위해 휴직을 선택하셨다. 나의 벌이는 저축 없이 일절 생활비와 병원비로 나가게 되었고 이런 상황에 대해 불평불만을 늘어놓기에 아버지의 병은 너무나도 충격이었다. 암 환자의 가족으로 산다는 건 끊임없이 마음을 다치는 일이었다. '감정노동자'라는 직업을 오랫동안 해왔지만, 비교도 되지 않을 만큼. 아버지가 말기암 판정을 받고 1년이 조금 지났을 어느 무렵이었다. 나는 여느 날과 다름없이 퇴근 후 샤워를 하다 며칠 전부터 가슴에 몽우리가 잡히는 걸 느꼈다. 3년 전 물혹이 생겨 제거술을 받았던 터라 같은 병원에 내원했고 염증이 생겼거니 생각했다. 별다른 통증도 없었기에. 가는 날이 장날이라고 이틀 후 출근과 동시에 전화가 울렸던 건 다름 아닌 병원이었다. 검사 결과를 듣기 위해 일주일 뒤 날짜로 예약을 해 둔 상태였는데 병원에 다녀온 이틀 뒤인 2019년 9월 30일 병원에서 연락이 왔다. 내일 9시 첫 번째로 진료를 잡을 테니 보호자와 함께 병원으로 오라는 얘기였고, 그 말을 듣는 순간 몸이 경직되었다. 그토록 바랬던 심장 쫄깃할 일이 이렇게 생길 줄은 몰랐다.

출근 시간, 발걸음은 사무실이 아닌 병원으로 향했고 그곳에는 많은 환자가 진료를 보기 위해 이른 아침부터 북적였다. 원래 예약 날짜도 아니었고, 다른 환자들보다 늦게 병원에 도착했음에도 나의 이름이 가장 먼저 불렸다. 나이는 젊었으나 몸에 자란 암은 그 병원에 있던 모든 환자보다 크기가 컸다. 의사 선생님이 뭐라고 하는지 귀에 잘 들어오지 않았다. 모니터에 보이는 초음파 사진이 신기했다. 2019년 10월 1일 이렇게 암 판정을 받았다. 암은 저렇게 생겼구나. 3.35cm 크기가 너무 컸다. 발병은 1년 전후라고 했다. 아버지가 말기 암 판정을 받고 난 몇 달 뒤였다. 내 세상이 어느 순간 내가 중심이 아니라는 걸 깨달았을 때 떠났어야 했을까?

온갖 욕을 먹어가며 고객을 상대하던 일도, 승진을 위해 밤새워 공부했던 것들도, 영업실적을 위해 온갖 짜증이 나는 것과 불안함을 애써 모른 채 하지 말았어야 했다. 나에게 맞지 않는 옷을 벗을 줄도 아는 게 삶의 지혜였다. 그러나 그걸 깨닫고도 회사를 바로 그만두지 못했다. 암을 선고받고도 나보다 더 아픈 아버지가 있었고 그런 아버지를 보살피는 어머니가 있었다. 수술로 암덩어리를 꺼내고 정밀 조직 검사가 들어갔다. 아직은 더 살라는 하늘의 계시였는지 다행스럽게 항암치료를 면할 수 있는 상태라고 했다. 대신 한 달간 방사선치료와 매달 배에 맞는 주사 '졸라덱스(주삿바늘이 크고 매우 아프다 해서 붙여진 이름이라는 속설이 있다.)' 매일 먹어야 하는 '놀바덱스(타목시펜)'로 표적치료는 5년에서 10년을 선고받았다.

수술 후 가장 먼저 느낀 변화는 수술받은 가슴과 겨드랑이의 감각이었다. 감각이 아예 없지는 않는데 정상적이지 못했다. 표적치료 1년이 지난 지금도 정상적인 감각으로 돌아오지 못했지만 살아가는데 큰 지장은 없었다. 다음으로 변한건 몸 전체였는데, 없던 알레르기가 생기고 표적치료로 인한 온몸에 열감과 갱년기 증상이 생겼다. 한 겨울에도 몸에서 열이 오르면 옷을 벗어던져야 할 만큼 몸속에서 올라오는 열이 감당하기 힘들었다. 여름에는 에어컨이 있어도 소용이 없을 정도. 가장 견디기 힘든 건 마음이었다. 누군가를 탓하거나 내가 왜 이렇게 밖에 살지 못했나 하는 자괴감보다 무기력함이 더 싫었다. 사실 살고 싶지 않았다. 생각보다 조금 빠르긴 해도, 뜻한 바 이룬 게 없긴 해도 별로 살고 싶은 마음이 없었다. 암 수술을 받고 나서도 출근을 했다. 머리가 빠지는 항암치료를 피했으니 겉모습은 누가 봐도 멀쩡해 보였다. 배에 점점 주삿바늘 흔적이 늘어가고 몸은 하루가 다르게 지쳐갔으나 일을 쉴 수는 없었다.

암 수술을 받고 한 달이 채 되기 전, 2019년 11월 11일 또 한 번의 시련이 찾아왔다. 아버지의 병세가 안 좋았는데 사고가 났다. 이날 나는 아버지를 목욕탕에 모셔다드리고 한 시간 뒤 아버지를 데리러 가는 길에 나와 같은 방향으로 가고 있는 구급차를 보았다. '조금 전 아버지를 모셔 다 드렸는데.' 설마 했다. 어젯밤 항암치료 후유증으로 정신이 없는 아버지에게 소리를 쳤던 게 생각나기도 했다. 구급 대원은 남탕으로 들어가더니 이내, 내 아버지를 싣고 나왔다. 다리가 풀려 주저앉으면서도 다급하게 "우리 아버지예요. 우리 아빠가 맞아요."라고 외쳤지만 그들에게 전달되지는 못했다. 아버지를 실은 구급차는 외진 도로를 달렸다. 그 뒤를 바짝 따라가는 나에게 구급 대원에게서 전화가 왔다. 양산**대 병원 응급실로 간다고 조심해서 빨리 오라고.

아버지는 2020년 1월 7일 세상을 떠났다. 회사로 복귀한 지 한 달 만이었지만 여전히 나는 내 몸을 돌볼 겨를은 없었다. 인생의 쓴맛을 온몸으로 감당해야 했고 그렇게 30대 초반에 나에게는 암이 찾아왔고 아버지와는 이별했다. 주위 사람들은 내가 암 환자라는 것도, 아버지께서 돌아가셨다는 사실도 그리 중요하게 생각하지 않았다. 다들 살기 바빴고 나 또한 바쁘게 살았다. 남을 탓하거나 날 왜 몰라줄까라는 생각은 들지 않았다. 강박이었을지 모를 '바쁘게 살기'를 몸소 실천했고 그렇게 해야만 살 수 있을 것 같았다.

그러다 몸이 점점 말을 듣지 않았는데, '감정노동'을 해왔던 탓일까? 마음이 몸보다 더 지쳐있었다. 남들보다 조금 더 풍부했던 감정은 바짝 메말라

버린 뙤약볕 아래의 논바닥 같았다. 아버지의 부재와 몸도 마음도 건강하지 못한 나 자신이 초라해 보이기 시작했다.

내 나이 서른넷이었다.

바깥의 삶을 상상해보다

민유정

일본 삿포로에서 일한 지 6개월이 지났을 무렵부터 작은 불만이 하나둘 피어나기 시작했다. 처음에는 일에 적응하느라 못 보던 것들이 보이기 시작했다. 우선, 호텔은 늘 일손이 모자라다 느낄 만큼 바빴고 생긴 지 얼마 되지 않은 회사라 매뉴얼이 제대로 갖추어져 있지 않았다. 호텔 프런트는 24시간 손님을 응대해야 하고 담당자가 바뀌어도 이상 없이 손님을 응대하기 위해 인수인계, 그날그날의 특이사항 체크 등 기록해야 할 일이 많은 데 비해 늘 일손은 모자랐다. 기존 직원들은 신입 직원이 들어와도 꼼꼼히 가르쳐줄 심적인 여유조차 없었다. 그저 그들의 일을 해내기에 급급했다. 교육 매뉴얼이나 업무 매뉴얼도 제대로 갖추어져 있지 않으니 나와 같은 신입 직원은 혼자서 근무할 때마다 대처할 수 없는 곤란한 상황을 자주 마주치게 되었다.

본인이 스스로 판단해서 행해도 되는지 선배들에게 보고하고 해야 하는지 손님이 무언가를 요구했을 때 이 부분은 해줘도 되는지 기준도 모르고, 감이 잡히지 않을 때도 많았다. 한마디로 그저 본인이 알아서 눈치껏 어깨너머로 배우고 그날의 상황에 따라 손님 성향이나 요구 사항에 따라 스스로 판단하는 수밖에 없었다. '된다.' '안 된다'의 경계가 명확하지 않다 보니 어떻게 안내 해야 할지를 매 순간 고민하느라 머리가 지끈지끈 아팠다. 더구나 업무 스트레스에 비해 급여도 만족스럽지는 못했다. 한 달에 20만 엔(일본 화폐단위)을 받았는데, 월급에서 세금이나 집세를 빼고 나면 거의 월급의 반이 통장을 잠시 스쳐 지나가 버리고 말았다. 물론 돈보다는 경험을 쌓고 싶다는 생각에 일본행을 택한 것이기에, 큰돈을 바란 건 아니었지만 일에 조금씩 적응을 하고 나니 약간의 보너스나 직원 복지가 좀더 있었으면 하는 아쉬움이 생겨나는 것은 어쩔 수가 없었다.

수직적이고 경직된 회사 분위기도 나에게 꽤 큰 스트레스였다. 일본에 가기 전부터 업무만큼이나 인간관계나 직장 분위기에 대한 걱정이 컸다. 문화가 다른 일본인 동료들과 잘 지낼 수 있을지, 사내 분위기는 어떠할지 그런 고민이었다. 걱정과 달리 동료들과 크게 문제는 없었지만, 사내 분위기는 걱정했던 그대로 딱딱하고 수직적인 분위기였다. 상사들은 다른 직원들이 의견을 내거나 목소리를 내는 것을 그다지 반기지 않았고, 그냥 시키는 일이나 조용히 열심히 하길 원하는 분위기였다. 상사들 역시 워낙 업무가 가중되어 있는 상태였기에 시간을 내서 부하 직원들을 가르쳐 주거나 새로운 업무를 이끌어 줄 여유 따위 없었다.

그러다 보니, 현지 직원들도 무언가 적극적으로 하기보다는 그냥 하루 시키는 일이나 적당히 하며 시간을 채우는 느낌이었고 프런트 업무에서 중요한 팀워크도 잘 발휘되지 못했다. 프런트가 24시간 원활하게 돌아가려면 다음 교대 직원에게 인수인계가 제대로 되어야 하는데 직원들 간의 커뮤니케이션이 잘 이루어지지 않고 있었다. 심지어 교묘히 자기만 귀찮은 일을 빠지거나, 자신의 담당 업무를 타인에게 떠넘기려 하는 직원도 있었다. 시간이 갈수록 손님 응대보다 이런 경직된 분위기에서 불필요한 눈치를 보며 일해야 한다는 것이 불만족스러웠다. 불규칙한 근무시간 때문에 컨디션 조절도 쉽지 않았다. 프런트는 보통 9시간씩 3교대로 근무를 하게 되는데 야간 근무라도 한 날에는 출근 시간에 좀비처럼 혼이 나가있는 듯한 인파를 뚫고 반대로 나도 좀비처럼 녹초가 된 모습으로 퇴근하곤 했다. 이처럼 생활이 불규칙하다 보니 식사도 대충 하게 되었고, 정말 이러다 건강도 잃는 건 아닌가 걱정하게 되는 날이 잦아졌다.

퇴사를 결심하게 된 가장 큰 이유는 건강 때문만은 아니다. 코로나바이러스로 두 달 정도 휴직을 하게 되면서 시간적인 여유가 생기며 미래에 대한 진지한 고민을 하게 되면서부터였다. 갑작스럽게 휴직을 하고 월급도 깎이고 일본 삿포로에서 집에만 홀로 하루 종일 있다 보니 걱정과 고민이 많아졌다. 특히 앞으로의 나의 직업, 이력에 대한 불안이 커졌다. 회사에 소속된다고 해도 '회사가 나를 평생 책임져주는 건 아니구나, 예상치 못한 일은 언제든지 일어날 수 있구나.'라는 걸 몸소 느낄 수 있던 상황이었기 때문에 고민도 더 확실해졌다. 창업이나 자기계발 관련된 유튜브나 책을 많이 찾아보면서 이미 내 또래의 많은 사람들이 회사를 다니지 않고 사업을 하거나 자신만의 경쟁력을 갖추고 프리랜서로 돈을 벌며 생계를 유지하고 있다는 것을 알게 되었다. 내가 호텔에서 일한다면 하루에 꼬박 9시간을 회사에서 보내야 하기에 자기개발을 하거나 취미생활을 할 수 시간은 많지 않았다. 결국 시간을 팔아 돈을 버는 것에 가까운데, 내가 경험해보지 않아 몰랐을 뿐이지 시간과 돈을 정비례해서 팔지 않아도 돈을 버는 법은 생각보다 많았던 거다. 이렇게 계속 회사에 종속되어 시간을 팔며 평생을 살기는 싫다는 생각이 많이 들었다. 특히나 앞으로는 회사에 들어가지 않고 자유롭게 능력을 발휘해 돈을 버는 프리랜서나 1인 기업가,

하나의 직업이 아니라 여러 가지 재능을 발휘해 '멀티 잡'으로 여러 곳에서 수입이 들어올 수 있는 시스템을 구축해 돈을 버는 사람들이 더욱 많아질 것이다.

인간의 중요한 욕구 중 하나가 '자유를 향한 욕구'라고 한다. 프리랜서나 1인 기업가 등이 '자유로운 라이프스타일을 향한 욕구'가 강한 사람들이라고 표현하는 글귀를 보고 내가 딱 이런 유형이구나 하는 확신이 들었다. 경제적 안정은 조금 포기하더라도 시간을 자유롭게 쓸 수 있고 공간에 크게 제약받지 않는 자유로운 라이프 스타일이 훨씬 더 가치 있을 것 같았다. 해외에서 한 달 살기를 하면서 혹은 원두 향 가득한 카페에서 노트북을 펼쳐 놓고 일하며 돈을 버는 내 모습을 머릿속에서 그려보기도 했다. 상상만으로도 바로 꿈을 이룬 듯 즐거웠다. 이런 자유로운 라이프스타일을 조금이라도 빨리 실현하기 위해서는 차라리 한국으로 돌아가서 회사 밖에서도 먹고 살 수 있는 기술이나 경험을 쌓는 게 나을 것 같다는 판단이 섰다.

짧고 굵게 고민을 거듭한 끝에 퇴사를 결심하게 되었고 바로 사직서를 냈다. 현재 나는 한국에 있다.

나는 살아 있는데
자꾸 죽었다 생각하라니

정현석

"그냥 3년만 죽었다 생각하고 버텨라. 버티는 게 이기는 거다."
과장님께서 첫 번째 회식 술자리에서 하신 말씀입니다. 학창시절에도 군 생활 중에도 죽었다 생각하고 버티라는 조언은 지겹게 따라붙어 왔습니다. 그리고 언제나 그 조언은 그 시간을 버텨내는 데 도움이 되었습니다.

구매 직군으로 지원했지만, 대부분 신입사원은 현장 경험을 쌓은 뒤 본사로 올라가게 되어 있었기 때문에 연수원 생활을 마친 후 첫 업무는 지방 사업부에서 회사 가맹점들을 운영 관리하는 일이었습니다. 어려 보이면 안 된다는 상사들의 조언에 머리엔 평소에 바르지 않던 헤어 제품들을 어색하게 바르고, 익숙한 안경이 아닌 콘택트 렌즈를 끼고서 첫 회사생활은 시작되었습니다.

처음 해보는 회사생활은 예상보다 힘들었습니다. 온종일 여기저기서 업무 전화가 걸려 왔고 업종 특성상 주말에도 마음 편히 쉴 수 없었습니다. 하지만 그토록 꿈꿔왔던 회사생활이었습니다. 더 잘해보고 싶어서 누구보다도 일찍 출근했고 처음 맞는 주말 근처 서점에서 사회생활에 도움이 되는 지침서와 업무에 도움이 될 만한 자격증 책도 한 아름 사 왔습니다.

쉴 틈 없이 밀려오는 업무와 함께 조직 문화에도 적응해내야만 했습니다. 담배를 피우지 않지만, 상사들이 담배를 피울 때면 같이 따라 나가 이야기를 함께 들었고 사소한 심부름들은 당연히 막내인 저의 몫이었습니다. 그중 가장 어려운 일은 근무시간과 자연스럽게 연결되는 회식이었습니다.

상사들은 어떤 이유에서건 집에 가지 않으려고 했습니다. 이 점은 지금도 이해가 가지 않습니다. 과장님은 별다른 이유도 없이 사무실에 앉아 계셨고 신혼에 쌍둥이 아빠인 상사분도 아이들이 깨어 있을 때 집에 들어가면 피곤하다는 이유로 퇴근 시간을 미뤘습니다. 노총각 선임들은 집에 가도 할 일이 없고 심심하다며 집으로 가지 않았습니다. 늦춰진 귀가 시간은 회식으로 채워졌습니다. 다들 자기보다 윗사람과의 술자리는 불편했던 것인지 항상 자기보다 아랫사람들을 모아서 술자리를 가졌습니다. 그렇게 막내인 저는 일주일에 4일에서 5일은 술자리로 하루를 마무리 지었습니다. 아주 이런 가족 같은 회사가 없구나 싶었습니다. 신기한 건 전날 그렇게 부어라. 마셔라 한 뒤에도 다들 다음 날 지각없이 정시에 출근을 해서 정상 업무를 한다는 겁니다.

다음 날 저는 숙취와 함께 화장실 빈칸에 들어앉아 고개를 푹 숙인 채 죽었다고 생각하면서 그날 하루를 버텨보고자 했습니다. 하루는 길고 일주일은 버거웠지만 한 달의 시간은 빨리 흘러갔습니다. 정신을 차려보니 월급날이 돌아왔고 이만하면 잘 버텨내고 있는 것일지도 모른다고 생각했습니다.

그렇게 어쩌다 하루 일찍 퇴근하거나 휴일 전날 밤이면, 항상 그렇게 가고 싶었던 자취방에 도저히 들어가고 싶지가 않았습니다. 그렇게 자취방에도 들어가지 않고 길에서 전화기를 붙잡고 친구나 가족에게 전화해댔습니다. 사실 안부를 전한다는 건 핑계였고 힘든 감정을 그렇게 주변에 쏟았습니다. 짜증도 났을 텐데 그때 부정적인 이야기들을 받아준 친구와 가족들에게 항상 감사합니다. 그런 날들의 연속이었습니다. 그렇게 더 나은 회사원이 되어 보이겠다고 샀던 책들은 먼지만 쌓여가고 있었습니다.

회사에서는 몇 달에 한 번 본사에서 실적 발표가 있었습니다. 지방에서 서울로 새벽부터 올라가야 했기 때문에 저희 팀은 당연하다는 듯이 미혼인 상사의 방에서 모여 술을 마시고 쪽잠을 잔 뒤 다음 날 다 같이 모여서 KTX를 타고 서울로 향했습니다. 서울로 올라가던 중 퀭한 눈으로 창밖을 보고 있는데 문득 창문에 회사 유니폼을 차려입고 넥타이를 맨 채 숙취와 졸음을 버텨내는 제가 보였습니다. 아차 싶었습니다. 10년 전 내가 보면 이걸 뭐라고 할까 싶었습니다. 그때의 깨달음은 실적 보고 후 다시 술자리를 갖는 상사들을 보며 이건 아니라는 확신으로 바뀌었습니다. 퇴근 후엔 잠자기 바쁘고 가까운 사람들에게는 짜증 내면서 반쯤 죽은 채로 회사 안과 밖의 인생을 모두 망가뜨리는 회사생활을 더 이상 버텨낼 이유는 없었습니다. 죽었다고 생각하면서 버텨내기엔 저는 너무도 살아 있었습니다.

그렇게 퇴사를 결심했지만, 막상 팀원들에게 말하기는 어려웠습니다. 그래서 그나마 친한 직장 상사와의 술자리에서 먼저 이야기를 꺼냈고, 그날 죽었다고 생각하고 버텨보라는 말을 다시 들을 수 있었습니다. "이것도 버텨내지 못하면 다른 곳에서도 똑같을 거다." 라며 격앙된 목소리로 소리쳤습니다.

몸은 피곤하지만 쉽게 잠에는 들지 못한 채 자취방에서 혼자 뒤척이다 친구에게 전화를 걸었습니다. 평소엔 별 쓸데없는 농담만 주고받던 친구였지만 그때는 그저 한참을 말없이 제 이야기를 들어줬습니다. 장황한 나의 이야기 끝에 친구는 "너는 절대 유약하지 않다."라고 말해주었습니다. 그때 저에게 가장 필요했던 말을 듣게 되었습니다. 다음 날 다른 팀원분들에게도 퇴사하겠다고 말할 용기가 생겼고, 응원과 격려 그리고 비난을 포함한 많은 말을 들을 수 있었습니다.

"나도 너 나이였으면 당장에라도 그만뒀다. 부럽다."
"너는 책임감이 없다."
"다른 회사에 가도 평판 조회 다 있으니깐 업무 정리 똑바로 해두고 가라."

마지막으로 팀장님께 찾아가 퇴사를 말씀드리자 팀장님께서는 다른 사람들에게는 말하지 말라며 한마디 하셨습니다.

"잘 생각했다. 나도 지금 이직 준비 중이다."

열심히만 하면 될 줄 알았지

권선영

대학교 다닐 때부터 단기 아르바이트를 많이 했다. 주변 친구들을 살펴보니, 나처럼 길면 한 달, 짧으면 하루를 단기로 일하는 사람들은 별로 없었다. 대부분 진득하게 한 곳에서 일했다. 그때는 정말이지, 두 세 달씩 아니 더 긴 시간 한 곳에서 일하는 것은 불가능한 일로 보였다. "어떻게 하루 8시간 일을 하는 거야? 어떻게 한 곳에서 한 달 이상 버티는 거지?" 막막하면서도 맹목적인 고민이 있었고 그러한 고민이 커지자 사회에 발을 내딛는 것이 겁이 났다. 그러나 홀연 단신으로 발을 내딛는 것이 더 끔찍했기에 용기 내 다른 결심을 했다. '대학교를 졸업하자마자 취직해야지. 혼자 이렇게 기다리다가는 죽도 밥도 안 돼서 10여년 전 방영된 청춘 시트콤 「논스톱」에서 말하는 청년실업자가 내가 될 수도 있어.' 이렇게 내게 끊임없이 겁을 주며 사회에 발을 내딛기 위해 하루 30개가 넘는 회사에 이력서를 보냈다. 나의 인생 첫 직장은 무역회사였다. 이제와 말하자면, 그 직장에 다니던 시절이 나에겐 가장 고통스러웠던 시기였기도 하다.

먼저, 나의 꿈은 중국 주재원이였다. 중국어를 좋아했고, 타지 생활에 대한 동경이 있었다. 그래서 무작정 중국 파견근무 조건으로 일할 수 있는 회사를 찾았다. 어느 날 전화가 왔고 오전 8시까지 면접을 참여하라고 했다. 아침 7시에 사무실에 일찍 도착해 면접을 보고, 기분 좋게 돌아오는 길에 합격 통보를 받았다. 정식적으로 회사에 소속된 건 처음이었다. 첫 출근 날, 파티션 위로 보이는 사람들의 분주해 보이는 모습을 보기만 해도 숨이 턱턱 막혔다. 아, 이게 바로 사회구나! 나는 모든 회사가 그런 분위기라 생각하고 적극적으로 업무를 해나가기 시작했다. 야근이 잦았고,

저녁도 잘 챙겨 먹지 않았다. 다들 저녁 식사를 잊을 만큼 열심히 일을 했다. 그런 생활이 이어지면서 위장이 아파오기 시작했고 위염을 얻었다.

근무 중에도 수시로 동대문 원단시장을 드나들며 봉지 가득 찬 원단을 줄줄 끌고 다녔다. 사무실로 복귀하면 또다시 일의 연속이었다. 바이어에게 메일도 보냈다가, 선적할 화물을 예약하고, 샘플실에서 원단 샘플을 만드는 등등 하루에도 몇 가지 일을 했다. 살이 쭉쭉 빠지기 시작했고 매일 새벽에 잠들던 수면 패턴이 바뀌어 매일 밤 샤워만 하면 곯아떨어졌다. 그야말로 몸이 두 개여도 부족할 것 같았던 업무량이었다. 더구나 나는 그 안에서 경력도 동기도 없는 막내였기에 속마음을 터놓을 사람도 없었다. 그야말로 심적으로 외롭고 신체적으로 탈진 상태였다. 어느 날은 엄마와 술을 마시면서 오열을 하며 못 살겠다고 토로하기도 했다. 엄마는 내게 제발 그만두라고 했지만 내게는 포기할 수 없는 꿈이 있었다. 바로, 중국 주재원 되는 것! 중국에서 씩씩하게 일하는 모습을 상상하며 매일을 참았다.

반년이 흐른 뒤, 드디어 중국 파견근무의 기회가 찾아왔다. 중국 현지 생활에 큰 갈망이 있었기에 이제 그 꿈을 이루는 듯했다. 짐은 어설프게 쌌다. 외로울까 봐 곰인형도 챙겼다. 두려움에 눈물도 났지만, 그저 한번 부딪혀보기로 했다. 그렇게 가고 싶었던 중국이잖아? 드디어 중국에 도착했다. 처음 도착한 기숙사, 혼자 쓸 수 있는 단독 오피스텔이었고 꽤나 넓었다. 이곳에서 이제 자주적인 삶을 꾸려가게 된 것이다. 첫날의 감정을 잊지 못한다. 낯설은 천장을 바라보며, 이제까지 고생한 기억들이 주마등처럼 지나갔다. 멋모르는 사회 초년생이 반년만에 주재원 신분으로 일하게 되었다는 사실에 스스로 칭찬했다. 이제까지 겪었던 고통을 단번에 보상받는 듯했다. 경이로운 감정도 유효했다.

그러나 환상에 그리던 꿈은 찬 바람에 꺼진 성냥개비처럼 단출히 식었다. 사람 때문에 힘들었고 외로웠다. 고립감을 느끼면서 눈물을 흘리며 밥을 먹었던 적도 많았다. 식당에서 혼자 울면서 밥을 욱여넣었다. 무심코 고개를 돌리니 강아지가 식당 안에 들어와 나를 측은 한 듯 쳐다보기도 했다. 배가 고팠는지 나를 동정했는지 모르겠지만, 이후에는 그런 시선을 의식할 힘도 없이 그렇게 하루하루를 보냈다. 난 철저히 혼자인 기분을 느끼며 울며 잠이 들었다.

10개월 남짓한 해외 주재원 생활은 비슷한 감정을 느끼다 종지부를 찍게 되었다. 왜 돌아왔느냐 묻는다면 뭐라고 대답해야 할까. 난 그저 열심히만 했다. 그러다 보니 더는 구박이 아닌 인정을 받게 되었다. 그렇게 눈물로 오기로 버텨 인정을 받고야 말겠다는 목표를 달성하자 바람 빠진 풍선처럼 방향을 잃기 시작했다. 일을 그렇게 혐오하면서도 겉으론 열정 있는 척, 열심히 하는 척만 하면 되는 줄 알았다. 왜 이렇게 힘든 일을 해야 할까, 현실이란 그런걸까 하는 우울한 생각에 빠질때면, 내 곁을 스쳐나가는 사람들을 바라봤다. 단정하게 다려진 정장을 입고 담담하고 익숙하게 걸어가는 모습. 그들의 모습이 정답인 것 같았고, 그 소속을 벗어나면 무얼 할 수 있을지 막막했다. 아빠는 줄곧 힘들다며 하소연을 하는 나에게 입버릇처럼 말했다.
"다 그렇게 사는 거야, 쉽게 얻어지는 게 있는 줄 아니? 그렇게 버티다 보면 승진하고, 결혼하고, 그러고 사는 거야."

그러나 어떠한 신념을 내리기까지 다시 1년 6개월이라는 시간이 필요했다. 그렇다, 나는 또다시 다른 회사에 가서 나를 끝없이 의심하며, 가시같이 돋아난 속에 술을 들이부으며 원망하는 시간을 보냈다. 1년 6개월이라는 인고의 시간동안 괴로움에 순종하고 내게 남은 건 위궤양과 과민성 대장증후군, 아까워서 쓰지 못한 월급, 그리고 상처받은 내 영혼이 나를 차갑게 바라보고 있었다. 사랑 없는 곳에서 버텨내는 일이 누군가에게는 묵묵하게 해낼 수 있는 일 정도겠지만, 누군가에게는 망치로 자신을 내려치는 것만큼 가학적인 일이기도 하다. 내게는 후자였다. 동일한 일을 대부분의 사람이 버텨낸다고 가정을 하더라도 나 하나라는 사람이 힘들면 그건 나에게만은 명백히 가혹한 일이다.

그러다 어느 날, 누군가 정말 궁금하다는 듯 물었다.
"왜 거기 다녀요?"
말대답하기 좋아하는 나는 웬일인지 그 자리에서 한마디조차 하지 못했다. 사실 돈이 급하지도 않았고, 절실하지도 않았고, 부양해야 할 가족도 없었다. 객관적으로 난 그렇게 꼭 살아갈 필요는 없었다.

사직서를 올렸다. 그리고 생각했다. 이제는 다시 반복하지 못하리라, 아니 다시 하라고 해도 자신이 없다고 표현하겠다. 난 자신이 없다. 이젠 견뎌낸 이야기가 아닌 그 순간에서 존재한 이야기를 꺼내보려 한다.

권선영

나를 찾기 위한 준비 두 발짝

김민지

'나는 왜 이렇게 한 가지 일을 끝까지 못 할까.'
여러 가지 일에 참 많이도 기웃거렸지만 막상 제대로 이룬 것은 없었다. 한 가지 일을 꾸준히 못하고 여기저기 옮겨 다니는 내가 왜 이렇게 한심한지. 회사를 관두고 도전했던 프리랜서마저도 이루지 못했다. 고민과 생각이 많았던 20대. 불안한 미래, 초라한 내 자신, 끊임없는 도전과 실패의 연속 그리고 채워지지 않는 현실. 한없이 작아지는 나와 마주해야 하는 매일은 외나무다리 위에서 아슬아슬하게 버티고 있는 듯했다.

마지막 정규직은 영어 강사였다. 잠깐 스치고 지나가야지, 생각했었는데 5년 이상 일을 했다. 인생에는 정말 정해진 답이 없는 것 같다. 강사를 하는 동안 다른 사람에게 인정을 받고 칭찬을 받으면 신이 나서 일했지만 지적을 많이 받거나 비난을 받으면 의욕을 잃고 해야 할 일을 미루고 또 미루는 사람이 바로 나였다. 사람들의 행동이나 맡은 일을 관찰하고 분석하는 힘은 있었지만 단체를 이끄는 힘은 부족했고 혼자 일할 때 훨씬 편안하고 의욕적이었다. 우연히 시작한 일에서 내 모습을 들여다볼 수 있었던 터닝포인트 시기였다. 처음 하는 일은 서툴고 상처를 받을 수 있지만 시간이 지나 경험이 켜켜이 쌓이면서 지혜롭게 자신을 바라볼 수 있는 힘을 가지게 되는 것 같다.

직장을 다니면서 결혼과 출산 후, 삶도 조금씩 변했다. 일만 하던 결혼 전과는 달리 결혼 후에는 가사와 육아가 나를 반갑게 기다리고 있었다. '어서 와, 이 세계는 처음이지.'라고 나를 꼭 안아주었지만 결코 달콤하지 않았다. 일만 하기도 하루가 빠듯한데 가사에 육아라니. 한 가지 음식을 만드는 데 소요 시간 두 시간, 청소와 빨래하는 데 두 시간, 육아는 24시간. 결혼을 다시 바라볼 수밖에 없었다. 특히 생활 패턴을 아이에 맞춰 나를 완전히 바꾸는 것이 가장 힘들었다. 인생은 왜 계획대로 흘러가지 않는 것일까. 한 명만 낳아 잘 기르고 잘 살자고 결심했지만, 어느새 다둥이 엄마가 된 나. 생각대로 되지 않은 여자, 바로 나다.

둘째를 출산할 때쯤 퇴사했으니 2011년 하반기부터 나의 직업은 전업주부다. 한 가지 더 보태면 '경.력.단.절.여.자.' 정규직을 퇴사한 첫날, 그간 큰아들을 돌봐주신 친정엄마는 드디어 자유의 기쁨을 가졌고, 나는 큰아이와 온종일 시간을 보낼 수 있는 행복을 누렸다. 그리고 우리 가족은 주말여행도 마음 놓고 갈 수 있었으며, 남편 또한 마음 놓고 회사 일에 전념할 수 있었다. 하지만 좋은 시간은 오래가지 못하는 법. 우울함과 불안함은 소리 없이 쌓여갔다. 최근 들어 가끔 남편이 말한다.
"당신, 그때 내 얼굴만 보면 화냈어."
그때는 몰랐지만, 남편은 당시 절정에 다다른 나의 우울함과 불안을 혼자 감당하고 있었던 모양이다. 셋째를 낳고 우울함으로 가득 찬 풍선은 찌르기만 하면 금방이라도 터질 듯한 과부하 상태가 되어버렸다.

경력 단절이 된 지 5년 된 애 셋 엄마는 무엇을 해야 할까, 아니 무엇을 할 수 있을까. 출산 휴가를 내는 것조차 두려운 사회 생활에서 '경단녀'라니. 그리고 곧 마흔. 앞으로 몇 살까지 살 수 있을까. 100세 시대라 해도 앞으로 일할 수 있는 시간은 20년이 채 남지 않았다는 생각이 들자 불안감은 커져만 갔다. 나의 30대에는 아이 세 명을 낳고 집안일에 매달렸으니 '나'는 이미 존재하지 않았다. 머릿속에는 실타래처럼 여러 가지 생각들이 뒤엉켰고 불면증에 시달렸다. 그즈음, 주위의 전업주부였던 엄마들도 하나둘씩 일터로 나가기 시작했다. 자신들이 할 수 있는 일을 찾아서. 내가 좋아하는 일이 있기는 한 걸까. 가장 잘하는 일은? 지금에 와서 꿈이 무엇이냐고 묻는다면 답을 할 수 있을까?

"엄마는 꿈이 뭐야?"

"으응? 꿈?"

꿈은 어렸을 때만 꾸는 거였나. 엄마도 꿈을 꿀 수 있다고 말해준 사람은 바로 아이들이다. 그날 저녁, 식탁 의자에 앉아 A4 종이에 좋아하는 일들, 잘하는 일들, 하고 싶은 것들을 차례차례 써 보았다. 어느새 종이 한 바닥을 다 채우다니. 그래, 하고 싶은 것이 참 많았지. 처음으로 빤히 내 속을 들여다본 시간이었다. 오래 꾸준히 할 수 있고, 미치도록 몰입할 수 있었던 일은 바로 독서, 글쓰기, 글씨 쓰기였다.

독서는 평소에도 틈틈이 하고 있었고 손으로 쓰는 글씨 캘리그래피를 새롭게 배워보기로 했다. 책을 읽다가 발견한 좋은 글귀를 필사하다 보면 나중에 글을 쓸 때도 어휘력과 문장력에 도움이 될 것 같았다. 그러다보면 언젠가 내 이름으로 책을 낼 수도 있지 않을까. 매번 행동으로 옮기는 힘이 부족했던 나. 지금은 새로운 것을 배우고 끊임없이 크고 작은 꿈을 꾸며 하나씩 이뤄가는 중이다. 두 번째 프리랜서의 길을 걷고 있으니까.

현실과 이상 사이

신하령

왜 지금의 삶과 이상 사이의 간격은 점점 좁혀지지 않고 넓어지기만 하는 것일까? 날 향해 본인들의 부정적인 감정을 쏟아놓아도 왜 나는 화를 내지도 못하고 참아야 하는 처지에 있어야 하고 그게 당연시 받아들여져야 하는가? 매번 반복되는 썩 좋지 못한 결과이지만 그래도 기대하게 되는 것 같다. 내가 이 상황에서도 꿋꿋이 버티면 상황이 좋아질 거란 희망. 하지만 누군가 직장이 좋은 건 통장에 매달 꽂히는 월급밖에 없다고 했다는데 나도 이젠 그렇다. 애초부터 대단한 성장이나 성취를 바라고 다닌 건 아니지만 집에만 있을 때랑 하등 다를 바가 없었다. 오히려 감정 소모로 감정 조절이 힘들어져 짜증도 화도 늘었고 거칠어졌으며 무기력해졌다. 그동안 무사히 버텼던 것이 신기할 정도로…. 여길 택한 이유도 머리는 적게 쓰고 감정에 소모적인 일을 하고 싶지 않아서였는데, 어느 순간부터 모든 기력이 빠져나가는 느낌이다. 돈을 벌면 자존감도 상승할 줄 알았는데 요즘 더 바닥으로 치닫고 있는 것을 보게 된다. 정말 이쯤에서 그만두어야 할까? 여기까지인가? 감정은 접어두고 기계적으로 일만 해야겠다는 생각이 자꾸 고개를 들었다.

근무하고 있는 우리 온라인쇼핑몰은 사전에 업무에 대한 알림이나 지시가 없다. 그냥 눈치껏 해야 한다. 업무 지시가 없으면 지시가 있을 때까지 기다리면 되지 않나 하는 사람이 있을지 모르겠지만 그렇게 되면 퇴근 시간이 늦어질 수가 있고 그렇다고 한참 어린 사장님께 매번 일일이 "오늘 뭐 해야 하나요?"라고 묻기도 참 어렵다. 내가 하는 일을 좀더 파악하고자 관련된 도서를 찾아본 적이 있다. 물류계의 전문가인 최영호 작가가 쓴

『물류, 기본이 중요하다』(웰북스)라는 책이다. 여기에서는 회사에서 업무 효율을 높이기 위해서 '전체를 보는 합리적인 사고, 정리정돈에 대한 마인드, 물류 벤치마킹의 마인드, 물류 시스템화 마인드, 프로세스 전체 흐름을 읽을 수 있는 안목'을 팁으로 소개한다. 비전문가인 내가 보더라도 다른 것은 고사하더라도 정리정돈과 재고관리는 잘 돼야 한다고 생각하는데 늘 제대로 되지 않았다. 두 개의 사업장이 한 창고를 사용하다 보니 발주된 물건도 한꺼번에 팔레트에 담겨왔다. 주문한 품목과 수량을 발주목록과 대조하는 것이 어려웠고 검수한 내용이 정확히 공유되지 않았다. 가족이 함께 운영하면서 서로에게 책임을 전가했기 때문인 듯하다.

또한 누구나 쉽게 적응 가능한 물류시스템을 만들어 놓고 당장 사람이 바뀌어도 원활하게 일할 수 있도록 시스템을 갖추어야 하지만 작은 아들이 운영하는 우리 사업장은 두 명의 직원이 주가 되어 일하고 물류가 감당하지 못할 정도로 엄청 많으면 그때 진짜 사장님 쪽 직원들에게 부탁하여 일을 처리한다. 문제는 시간이 지날수록 하루에 5시간만 근무하는 나에게도 추가 업무 협조 부탁을 하는 분위기가 만들어졌다는 것이다. 업무량이 많아 다른 직원들은 퇴근 시간을 넘기며 일을 할 때면 바쁜 와중에 홀로 정시에 퇴근할 때마다 눈치를 보며 되려 부채감까지 느껴야 했다.

가족 사업장이다 보니 가족 간에 사적인 불화가 있을 때마다 중간에 낀 나는 서로의 의견을 들어주고 대변해 주려고 노력했는데 이런 수고를 알아주기는커녕 점점 나에게 하소연하는 횟수만 늘어날 뿐이었다. 좋은 이야기보다 부정적인 이야기를 자주 듣다 보니 금방 에너지가 소진되는 것은 물론 퇴근 후 아이들을 돌보기도 전에 모든 에너지가 빠져나가 예전처럼 아이들에게 밝고 생기있게 대할 수가 없었다.

그런데도 무슨 일이든 한 가지 이상은 배워갈 것이 있다는 말을 믿는 나로선 이런 상황 속에서도 다음 회사를 고를 때 도움이 될 나만의 일곱가지 '회사 선택 기준'을 확립했다.

하나, 사이가 좋지 않고 소통이 되지 않는 가족끼리 운영하는 사업장엔 절대 발을 들여놓지 않을 것. (사전에 파악이 어렵다는 문제점이 있다.)
둘, 가족 사업장에서 일할 땐 듣는 귀와 말하는 입을 닫을 것.
셋, 어느 회사든 내 혼과 체력을 다 쏟을 필요는 없다는 것.
넷, 모든 책임이 나에게 돌아오지 않도록 무슨 사건, 사고가 발생할 것 같은 전조현상이 있을 때 바로 퇴사할 것.
다섯, 직원으로서 받아야 할 대우를 받을 수 있도록 똑 부러지게 일 처리를 하고 주장할 것.
여섯, 회사를 선택할 때 직원의 형편과 불편사항에 먼저 귀 기울여 줄 것 같은 회사를 택할 것. 단번에 확인은 어렵겠지만 직원복지가 잘 되어 있는지 면밀히 확인할 것.
일곱, 상사로서 품위를 지키지 못하고, 직원의 사기를 떨어뜨리는 부정적인 생각이나 사적인 감정을 지나치게 토로하는, 말과 행동에 선을 지키지 못하는 사람이 있는 회사라면 이직을 고민할 것.

아이를 키우면서 정신적 스트레스 없이 단순 육체노동을 통해 경제적 자유를 누리려 했던 소박한 바람은 이렇게 끝나 버리는 것인가. 좌절할 새도 없이 더는 감정노동을 할 수 없단 생각이 머릿속을 가득 메웠다. 뭐라고 이야기하면서 그만둬야 할지 고민이 생겼다. 여느 드라마에서처럼 "저 이런 거지 같은 회사 더는 다닐 수 없어요!"라고 큰소리치며 그동안의 힘듦을 마구 쏟아내며 뒤도 안 돌아보고 나올 수는 없는 노릇. 그렇다고 마음에도 없는 거짓말을 하며 좋은 모습으로 나오기엔 스스로가 너무 가식적으로 느껴졌다.

다행히 감사하게도 내 의지만으로 퇴사하는 것이 아니라는 뉘앙스를 풍기며 시기적절하게 회사를 그만둘 수 있는 기회가 찾아왔다. 마침 본사와의 재계약 기간이었고 사업 방향과 관련하여 발생하는 가족 간에 잦은 충돌로 인하여 힘들어했던 사장님께서 더 이상 본사와 계약을 연장하지 않고 온라인 쇼핑몰 사업을 종료하셨다.

그렇게 해서 반쪽짜리 워킹맘 생활에서 벗어날 수 있었다.

③ 실례합니다

서른 : 세계일주의 꿈 ing
지금 여기, 지중해
춤추라, 아무도 보고 있지 않은 것 처럼
나를 찾아서
지도 밖이라 생각했던 길
백지장
용기를 가지고 내딛는 세 발짝
준비와 기회의 관계성

서른 : 세계일주의 꿈 ing

함승혜

나는 어떤 사람이지? 뭔가에 매여 있는 기분이 썩 좋지 않다. 장기 여행 10개월 즈음에 노트북과 카메라와 외장하드를 탈탈 털려 도둑맞고 나서 아픈 가슴만큼 조금 홀가분해졌다. 더 이상 가지고 있던 자물쇠를 쓰지 않는다. 내 짐에는 이제 딱히 지킬 물건이 없다. 가진 것이 없으니 잃어버릴까 두려워할 필요도 지킬 필요도 없다. 그런데도 여전히 휴대폰 속 SNS에 매여 있고 컴퓨터를 사고 싶다, 카메라를 사고 싶다는 불필요한 소유욕이 틈만 나면 불쑥불쑥 고개를 디밀곤 하지만, 어쨌든 언제나 조금씩 짐을 줄이고 있다. 확실히 꽉 들어찼던 가방에 조금 여유가 생겼다. 짊어진 짐의 무게가 줄어든 만큼 마음도 가벼워진다.

돈을 번다는 건, 내 시간과 스트레스를 제공하고 그에 상응하는 돈을 받는 행위다. 내가 돈을 벌지 않고 쓰기만 하는 한, 나는 덜 불행할 수 있고, 어쩌면 행복할 수 있지. 꽤 지나버린 시간만큼 불안해진 마음과 외면하던 현실의 벽들이 가까워지는 기분이 들지만, 어쨌든 아직은 생각하고 싶지 않다.

2016년 3월에 일을 그만두고, 스물아홉, 서른의 시간을 사기로 마음먹었다. 아프지 말고 행복하자는 마음으로 일도 그만둔 김에 배낭 메고 대책 없이 떠나온 여행. 떠돌이 2년 차. 처음 예정은 반년쯤 생각했는데 꼬박 2년을 채우고도 끝내지 못했다. 잠깐씩 집에 들러 한국에서 재정비 겸 쉬어갔지만, 이 긴긴 여행은 아직 진행 중. 5년이 지나도 진행 중일 줄은 그땐 몰랐다. 조금씩 조금씩 단단해지는 나. 지금까지는 행복할 생각만 하며 하루하루를 지냈다면 이제부터는 되고 싶은 자신을 위해 시간을 보내볼 생각이다. 물론 하고 싶은 대로. 이 여행이 끝나면 모아둔 돈 일 푼 없는 나이 먹은 여자 사람이 될 예정이지만 그래도 멈출 수 없어서. 나의 삶을 사랑하는 중이다. 이보다 더 간절한 게 지금은 없네. 여행에 정말 미쳤나 보다. 여행의 한 단락을 마무리 지으면 다시 새로운 막을 열어갈 거다.

여행을 하며 이것저것을 배우고 경험했다. 처음 가본 사막, 처음 올라본 고산 트래킹, 처음 해본 번지점프, 한곳에 머물며 스페인어 공부, 도둑맞기, 펑치기 경험, 가격 흥정, 히치하이킹, 스쿠버다이빙, 그리고 프리다이빙. 그냥 도착한 곳에서 사람들이 많이들 하는 것들 중에 해보고 싶었던 걸 조금씩 시도해본 것뿐인데, 참 많은 걸 했구나. 그러다 다이빙을 배우고 나서는 그대로 그곳에 주저앉아 4개월을 보냈다. 그렇게 바다와 사랑에 빠졌다. 내가 세상에서 제일 좋아하는 건 여행이었는데, 그 여행을 멈추게 하는 것, 그보다 더 사랑하는 걸 만나고 말았다. 프리다이빙. 서른에 만난 프리다이빙에 내 30대를 온전히 바쳐도 좋겠다는 생각이 들었다. 내 삶이 바뀌는 순간이었겠지. 배낭의 짐이 줄어든 자리를 다이빙 장비가 채우기 시작했다. 그렇게 배낭여행에 이어 프리다이빙 여행이 시작되었다.

1년 반쯤 이어지던 배낭여행을 잠시 매듭짓고 집에 들어온 나는 아예 장기전으로 들어갈 채비를 했다. 집으로 돌아가는 비행기 안에서 오래전 아무 생각 없이 스쳐본 영화, 「먹고 기도하고 사랑하라」(Eat Pray Love, 2010)를 다시 보며 가슴이 뜨거워지는 것 같았다. 그러다 문득 마음을 정했다.

정리할 수 있는 모든 걸 다 정리하고 가능한 빨리 다시 나오리라. 그리고 프리다이빙 강사가 되어야지. 이때 나는 프리다이빙 초급 레벨을 막 마쳤고, 어느 쪽인가 하면 정말 못해서 강사님 애를 좀 먹였던, 재능이라고는 없는 사람이었으니 갑작스러운 결심은 좀 터무니없었지만, 나는 해야 하는 일 말고 당장 좋아하는 일, 잘할 수 있는 일 말고 내가 하고 싶은 일을 하며 살기로 마음먹었다.

이제 와 생각해보면, 이때 이렇게 결심할 수 있었던 건 지난 긴 배낭여행 동안 매일 내게 무엇이 필요한지, 무엇이 더 소중한지, 내가 뭘 좋아하고 싫어하는지, 뭘 원하는지, 묻고 또 물으며 나를 조금씩 더 알게 되었던 덕분이었다. 가끔은 비어가는 통장을 들여다보며 돈 걱정, 여행을 마친 후에 살아갈 걱정을 조금씩 하게 된다. 아무래도 배운 게 도둑질이라고 다시 했던 일이나 원래 자리로 돌아갈 생각부터 다시 해외로 나올 생각까지 별별 생각이 다 들지만 결국 결론은 늘 똑같다. 내가 좋아하는 여행은 돈과 시간을 지불하고 오로지 나를 위해 할 것. 그러다 언젠가 정착을 한다면 제주도였으면 좋겠다. 틈틈이 누군가에겐 위로를 줄 수 있는 글을 쓰고 있었으면 좋겠다. 사람들이 모여 함께 먹고 서로 보듬으며 치유할 수 있는 공간에서 스스로 세운 우선순위의 가치가 변질되지 않는 범위에서 살고 싶다. 평화롭게.

성공으로 가는 길은 다양하다. 내가 목표로 한 걸 할 수 있다면 그게 성공이지. 막연하게 꿈꿨던 대로, 저지르고 보니 어느새 난 5년간 50개국 이상을 떠돌았다. 어떤 나라가 어디에 붙어 있는지도 잘 모르던 '지리 무식이'가 이제는 세계가 그리 넓지 않다는 생각을 하게 된 걸 보면 그럭저럭 성공한 것 아닐까. 하고자 했던 버킷리스트도 거의 다 해냈더라. 그저 막연한 어딘가에서 들어본 듯한, 한 줄의 해보고 싶던 일들이 이제는 별거 아닌, 혹은 조금 특별했던 지나간 일상적인 추억이 되었다.

걱정하지 않아도 내년엔 아마도 또 내가 말하는 대로의 삶을 살고 있겠지. 조금씩 쉬면서 남이 아닌 나의 속도를 유지하며. 포기하지 않고 걸음을 멈추지 않으면 언젠가 원하는 곳에 도착할 테지.

가지 말라는 길.
길이 아닌 것 같았는데 돌아서지 않고 물러서지 않고 계속 걸었더니 길이 있었다.

선택은 내 마음. 그 책임은 부록.
돌아오게 되더라도 후회하지 않길.

지금 여기, 지중해

이수빈

내가 가진 것이라곤 9개월 뒤 한국으로 돌아가는 비행기티켓과 여행의 자양분이 되어 줄 소중한 퇴직금. 아무런 계획도 일정도 없는 그야말로 방랑자의 삶이 시작됐다. 5년간 '아, 출근하기 싫다.'로 매일 아침 억지로 눈을 떴다면, 해가 중천에 뜰 때까지 푹 자고 일어나 '오늘은 뭐할까? 오늘은 어딜 갈까?'로 설레는 하루를 맞이하게 됐다. 그 방랑의 첫 시작점은 독일 프랑크푸르트였다. 많고 많은 나라와 도시 중 프랑크푸르트를 여행의 베이스캠프로 택한 이유는 유럽의 중앙에 있어 어떤 나라를 여행하더라도 접근성이 매우 좋았고, 마침 언어 교환 사이트를 통해 사귄 친구가 프랑크푸르트에 살고 있기 때문이었다.

며칠을 목적지도 없이 카메라 하나만 들고 프랑크푸르트 시내를 구석구석 걸어 다녔다. 독일어도, 독일의 역사에 대해서도 자세히 아는 것 하나 없었지만 누가 봐도 '유럽다운' 풍경과 마주치는 사람들에게서 풍겨 나오는 여유로움을 느끼는 것만으로도 행복함이 밀려왔다. 아무 생각도, 아무 걱정도 하지 않고 단지 오늘 하루 이 시간을 즐기고 느끼는 일. 중고등학교, 그리고 대학 생활을 거쳐 취직 후 사회생활까지 쉼 없이 바쁜 삶만 마주하다가 큰 여유로움이 생기니 처음엔 낯설어 어떻게 즐겨야 할지 헤맸으나 점점 익숙해지게 되었다. 일요일 밤마다 끔찍했던 월요병이 사라지고 요일 관념이 금세 사라져버릴 만큼 자유로움이 새롭게 나를 지배했다.

"넌 이름이 뭐야? 어디서 왔어? 다음 목적지는 어디야?"
프랑크푸르트를 시작으로 2개월간 독일의 17개 도시를 여행하며 숙박한

호스텔에서 매일 세계 각국의 여행자들을 만났다. 1인실이 아닌 다인실을 이용하다 보니 하룻밤을 함께 지내며 순식간에 친구가 되기도 했다. 명함 없는 내 소개는 참 낯설고 새로웠지만 단순했다. 명함 하나만 내밀면 더 이상의 소개말은 필요 없었던, 명함 속 내가 나를 나타내는 전부였던 지난 5년과는 전혀 다른 현실이었다. 소개를 하면 할수록 어느 회사의 누구가 아닌 내 이름을 온전히 되찾았고 내 자신이 누구인가 객관적으로 돌아볼 수 있게 됐다. 대기업이라는 잘 지어진 울타리로부터의 탈출. 어떠한 계획도 기약도 없는 오롯이 내 스스로가 만드는 여행은 이렇게 다양한 사람들을 만나며 시작되었다.

여행을 하기 전까지는 나처럼 대학을 졸업해 빌딩 안 사무실에서 일하는, 우리가 흔히 일컫는 '회사원'의 삶이 이 시대를 사는 대부분 젊은이들의 삶이라 생각했다. 그러나 여행을 하며 만났던 많은 사람들 중 같은 직업을 가진 사람은 단 하나도 없을 정도로 다양한 직업들이 존재했고, 취미도, 여행하는 목적도, 나이도, 살아온 삶도 전부 제각각이었다. 좁은 대한민국 서울, 그 안에서도 한 빌딩 안에 갇혀 그 세상이 전부인 양 살아왔던 내가 얼마나 편협한 시각을 가지고 있었는지, 그 시각으로 도대체 어떻게 살아왔던 걸까 스스로 반성을 할 수 있었고, 사람을 만날 때 선입견을 가지지 않고 대할 수 있는 자세를 점점 갖추게 됐다.

아주 사소한 주제로 대화를 이어가고, 국경을 뛰어넘어 서로의 지난 인생을 공감하고, 단지 하루 이틀 밤을 같은 공간에서 보냈을 뿐인데 헤어짐은 너무 아쉬웠다. 그 짧지만 긴 여운이 있는 시간들이 이어지고 추억들을 하나둘씩 쌓다 보니 어느새 난 학창 시절 세계사 교과서에서나 들어봤던 지중해, 그 지중해 한가운데 몰타섬에 있었다.

빠릿빠릿한 우리나라 문화와는 정반대인, 느긋하고 태평한 문화의 대표적 나라이자 유럽인들이 사랑하는 휴양지인 몰타는 인생 최고의 파라다이스였다. 말로는 형용할 수 없는 맑고 푸른 바다가 발 닿는 곳마다 펼쳐져 있고 걱정 따윈 전혀 없을 것 같은 사람들 사이에 있으니 나도 모르게 쉼을 맞이할 수 있는 여유를 배웠다. 집 앞만 나가도 탁 트인 지중해 물결이 나를 반기는데 이곳을 보며 어찌 복잡한 생각들이 떠오르랴. 이온음료를 부어놓은 듯한 맑고 투명한 바다 앞 단골 카페에 앉아 뜨거운 에스프레소 한 잔에 갓 구운 크로아상을 한 입 베어 물면 마치 드라마 속 잘 나가는 주인공이 된 듯한 기분. 강렬한 햇빛이 내리쬐는 한여름에 뜨거운 에스프레소라니. 이 나라에 푹 스며든 것만 같아 꿈 같은 현실이 영원히 깨지 않길 바랐다. 생각을 쉬다 보니 온전히 나에 대해 더 집중할 수 있는 시간이 생겼고, 난 이런 걸 좋아했었구나, 싫어했었구나를 새삼 깨닫게 되었다. 그러면서 잊고 있었던 수많은 꿈들이 생겼다. 하고 싶은 것이 많아 장래희망란을 꽉꽉 채웠던 어린 시절로 돌아간 듯했다.

그렇게 몰타에서의 행복한 두 달을 보내고 볼거리, 즐길거리, 먹을거리 어느 하나 빠지지 않았던 스페인과 포르투갈, 청정한 알프스 공기를 직접 느꼈던 오스트리아, 스위스, 그리고 독일 남부, 동화 같았던 프랑스 남부,

뭘 찍어도 작품이었던 네덜란드를 거쳐 여행 6개월 차, 영국 런던에 들어섰다. 좋아하는 향수 매장에 들어가 여느 때처럼 시향을 하다가 순간, 머리 위로 전구가 '땡' 하고 켜지는 걸 느꼈다. "맞아 나 향수를 참 좋아했었지! 향수에 대해 공부를 해볼까?" 그날부터 여행 틈틈이 향수에 관한 정보를 계속 검색해보기 시작했다. 향을 다루는 조향사라는 직업, 향과 관련한 다양한 제품, 모든 것이 새로운 세상이었다.

"그래 이거다!!!"

[2016년 10월 16일 독일 슈투트가르트에서]

"오늘 달 봤어? 너무 이쁘지? 저기 달 주변에 빛이 정말 아름다운 것 같아. 내일 보름달이 되면 더 아름다울 거야."

네덜란드에서 왔다는 간호사 언니는 큰 키와는 어울리지 않는 조곤조곤한 목소리로 끊임없이 시적인 이야기를 한다. 한국에서 왔다 하니 강남스타일을 먼저 아는 체하고, 맛있는 베이커리가 어디인지 걸어서 가는 방법까지 먼저 알려준다. 그러고는 오늘은 계획이 뭐냐며 이것저것 팁을 준다.

그녀 덕분에 나는 예쁜 달을 한 번 더 볼 수 있었고, 맛있는 베이커리에서 여유를 즐길 수 있었고, 추운 날씨에 대비할 수 있었고, 기분 좋게 하루를 시작할 수 있었다. 처음 보는 외국인이라기보다 너무 옆집 언니 같았던, 네덜란드 간호사 언니. 그러고 보니 이름도 모른다.

내일 헤어지기 전에 꼭 이름을 물어봐야지.

춤추라, 아무도
보고 있지 않은 것처럼

이영지

30대 초반, 크고 작은 시련들을 겪었던 나는 조금씩 바뀌고 있었다. 돈을 좇아 일을 했던 나 자신이 한심하기도 했고, 한편으로는 안타까웠다. 자유로워지고 싶었고, 감수성이 풍부했던 나에게 '감정노동'이라는 풀지 못할 숙제를 어떻게 해서든 풀어내고 그 압박감에서 벗어나고 싶었다. 암 수술을 받고 1년 이후, 몸도 마음도 지쳤던 나는 다니고 있던 직장을 드디어 정리했다. 퇴사하던 날, 행복에 들뜨지도, 슬프지도 않던 나 자신에게 기시감이 들었는데, 지금 생각해 보면 여러 일들을 한꺼번에 겪으면서 받았던 충격이 모든 상황 앞에 무덤덤해지게 만들었던 것 같다. 아마 그때의 나는, 스스로 맘과 귀를 닫았고 모든 것이 공허한 상태였다고 말하는 게 가장 알맞은 표현일 듯 하다.

> "때로는 살아있는 것조차도 용기가 될 때가 있다."
> '세네카(Lucius Annaeus Seneca)'

암 세포를 발견하고, 표적치료를 하기 전의 나였다면, 로마시대의 정치가이자 철학자였던 '세네카'가 남긴 저 말에 깊게 동요하지 않았을 것이다. 본래 지향했던 글감들이 다소 어둡고 쓸쓸하긴 했어도 나의 표현방식일 뿐이었다. 본래 명언은 삶의 지혜가 되고, 인생의 지표가 되기 마련이라 자신이 처한 상황에 가장 근접한 표현이 있어야 마음을 움직일 수 있다고 생각한다. 살아있는 것 조차도 용기가 된다는 말에 깊은 공감과 고개를 주억거리게 되는 걸 보며 나도 어지간히 '힘들긴 했었구나.'라는 걸 깨달았다.

'시간은 자꾸만 흐르는데 나는 무엇을 해야 하는가?' 마음속 깊이 나에게 질문을 던졌고, 어떤 답변보다 멋지게 대답하고 싶었다. 그러나 애석하게도 몇 달 동안 저 질문을 생각하면 되려 그루기 상태에 빠지곤 했다. 툭툭 털고 일어나 다시 직장도 다니고 주말에는 여가생활을 즐기면서 균형 잡힌 생활을 하려면 적어도 4년, 많게는 9년이란 시간을 기다려야 하고, 그 사이 암의 재발이 되지 않는다는 전제 조건이 붙어야 했다. 직장 생활을 하면서 가장 중요하게 생각했던 이념은 눈에 보이는 '성과'였다. 반복된 실수와 함께 가장 견딜 수 없었던 건 목표 미달성이었고, 남들보다 잘해야 한다는 사명감 같은 게 있었다. 예전처럼 일을 하기에는 무리가 된다는 걸 깨달은 나는 시간이 가면서 자꾸만 초조해지는 나를 어르고 달랬다.

"행복은 우리에게 건강의 근본이 되는 에너지를 준다."
'앙리 프레데릭 아미엘(Henri-Frederic Amiel)'

여태껏 나에게 있어 직장과 행복은 자석의 N극과 S극처럼 서로 붙지 못하는 관계였다. 남들보다 건강도 잃었으니 나에게 남은 건 행복을 찾는 일뿐이었다. 그렇게 시작된 생각은 지금 할 수 있는 일들 중에서 어떻게 하면 '행복한 일을 할 수 있을까?'라는 물음에 해답을 찾는 일이었다. 그래서 수많은 물음표를 띄우긴 했지만, 쉽사리 답을 찾지 못하고 또다시 딜레마에 빠졌다.

'할 수 있는 것'과 '하고 싶은 것', 전자는 앞서 다녔던 텔레마케팅 혹은 인

바운드 관련된 일이었고, 후자는 사진작가, 여행가, 시인, 시나리오작가 등이었다. 지금 당장 '할 수 있는 일'과 많은 시간과 노력, 비용을 들여 처음부터 시작해야 하는 '하고 싶은 일'이 전혀 매칭되지 않아 깊은 고민에 빠지게 되었다. 지금에야 진짜 후회되는 일을 말하라고 하면 20대 청춘을 낭비하듯 흘려보낸 일이라 바로 답할 것이다.

몇 년 전, 알음알음 알게 된 지인에게서 외국으로 신혼여행 가는 사람들의 스냅사진을 찍어주는 일을 제안받았는데 그때 당시 텔레마케터로 치열한 경쟁률을 뚫고 입사한 터라 잠깐 망설이다 거절했던 적이 있었다. 사진에 흥미는 있었지만, 처음부터 배워야 했고 해보지 않은 일에 대한 막연한 두려움이 있었다. 만약 그때 거절하지 않고 차근차근 배우면서 일을 시작했더라면, 꼭 외국으로 나가지 않더라도 어디서든 사진작가를 하고 있었을까? 방랑 기질이 다분했던 내게 이곳저곳 여행하듯 돌아다니며 전문적으로 사진을 찍고 수익까지 들어온다면, 지금 내가 던진 수많은 질문에 올바른 대답 일수도 있겠단 생각이 뒤늦게 들었다.

하지만 수많은 물음과 답변 중에 선택하지 못했던 길을 되돌아간다는 건, 끝없는 용기와 자신감이 있어야 한다는 걸 알고 있다. 갑작스레 찾아온 암 그리고 표적 치료에 대한 후유증은 글로는 십 분의 일도 전달할 수 없을 만큼 견뎌내기 힘든 관문이고 평생 짊어지고 가야 할 숙제와도 같았다.

이 숙제를 해결하며 어떤 길을 걸어가야 후회가 적을까.

나를 찾아서

민유정

퇴사를 하고 2020년 11월 일본에서 한국으로 돌아오고 난 뒤 몇 달은 고민으로 시간을 보냈다. 이 글을 쓰는 지금은 나는 뭘 하면 좋을까? 뭘 해야 할까? 많은 질문에 바로 답할 수 있는 목표를 찾았다. 언제든 어디서든 자유롭게 일할 수 있는 '프리랜서', '디지털 노마드'가 그 답이다. 이 길을 가기 위해서 해야만 하거나 얻어야 하는 능력을 우선순위를 두고 적용하며 매일매일 새로운 나를 찾고 만들기 위해서 고군분투 중이다.

첫 번째, 외국어 능력

나의 전공은 일본어이지만 일본어보다 더 중요시 해야하는 언어가 있다고 생각한다. 더 넓은 세상을 보고 많은 사람들과 소통하고 더 다양한 기회를 잡기 위해서는 영어가 선택이 아니라 필수라고 예전부터 생각했었다. 영어 공부 좀 해야지, 마음만 먹고 있었는데 시작적 여유가 있는 이번 기회에 정말 제대로 실천해보려고 한다. 영어공인시험도 신청하고 아침에 눈 뜨자마자 EBS 라디오를 듣고 저녁에는 넷플릭스로 미드(미국 드라마)를 보며 아침저녁으로 영어에 노출되며 영어와 친해지려고 노력 중이다. 고등학교 때부터 영어에 흥미가 있었고 평소 외국어에 대한 관심이 높은 편이라 즐거운 마음으로 공부하고 있다. 새로운 언어를 마스터한다는 것은 평생의 숙제와도 같다. 끝이 없는 길이기에 꾸준히 해내는 길밖에 없을 듯 하다.

두 번째, 경제랑 친해지기

최근 경제에 관심을 가지게 된 결정적 계기가 있다. 코로나가 심각해지기 시작하던 작년 3월에 남자친구가 나에게 전화를 하더니 이번에 주식 투자를 해보겠다고 한 것이다.(당시 나는 일본 삿포로에 있었다.) 남자친구는 이번에 주가가 폭락했는데 이번 폭락이 오히려 쌀 때 살 수 있는 기회인 것 같다고 말했었다. 그런데 정말로 남자친구가 산 주식이 두 달이 채 되지 않아 두 배 이상 올랐고 그 시기에 '동학개미운동'이라 불리며 주식 열풍이 불기 시작했다!

'투자'라는 것을 통해 돈을 불릴 수 있고 세상에는 은행 예·적금 이외에도 돈을 굴리는 방법이 많다는 것을 두 눈으로 직접 보면서 주식과 보험에 대한 지식도 전혀 없던 '금융 문맹' 그 자체였던 나는 경제와 금융 공부의 필요성을 느끼게 되었다. 금융 지식이나 투자 마인드, 돈을 대하는 태도 등은 장기적으로 보았을 때 인생과 직결되는 문제라는 것을 피부로 느꼈고 어차피 '프리랜서', '디지털노마드'로 살려면 불로소득을 만들거나 세금 문제 같은 돈에 관련된 문제를 잘 해결해야 할 테니 경제 공부도 필수였다.

하지만 앞서 말했듯이 지금까지 경제의 기역 자도 몰랐던 나이기에 처음부터 쉬울 리가 없다. 매일 아침 경제신문 읽기와 대중교통을 타고 이동할 때면 경제 팟캐스트 듣기를 실천하며 작은 습관을 만들어 나가고 있다. 이처럼 경제와 친해지고 나면 지식과 경험이 쌓여 아마추어와 프로 사이의 수준까지 올라 경제 관련 글을 쓰게 되는 날도 오지 않을까?

마지막, 기록하는 습관

사실 나는 요즘 유행하는 미라클모닝을 할 만큼 부지런하거나 시간 단위로 쪼개서 철저하게 세세한 계획을 세워서 지키는 타입은 아니다. 3년 후를 내다보는 장기적인 계획을 세우는 것도 어려워한다. 그래서 무언가를 이루기 위해서는 채찍질이 되어 줄 가이드라인이 필요한데, 나의 경우에는 이 기록하는 습관 들이기가 일종의 채찍질이 되고 있다. 이루고 싶은 목표 등을 기록하고 하루 끝에 달성 여부를 표시하면서 점검하다 보면 '아, 이거는 한다고 해놓고 안 했구나.', '이번에 이거 다 하려면 부지런히 해야겠구나.' 하는 생각이 들면서 반성을 하고 더 나은 내일을 위한 새로운 다짐을 하게 된다. 10분도 걸리지 않는 짧은 시간에 행할 수 있는 작은 일이지만 그 효과는 크다. 내일 더 잘하고 싶은 의욕도 생기게 하고 지속적인 동기 부여에도 도움이 된다. 신문이나 책을 읽다가도 나에게 도움이 될 것 같은 정보들이나 좋았던 글귀들을 스마트폰 메모장에 바로 기록해 두면 잊어버리지 않고 필요할 때마다 찾아볼 수 있어 유용하기도 하다. 이처럼 가시적인 기록이 시간, 계획 관리에도 도움이 된다는 사실은 우리 이미 모두 알고 있다.

어렸을 적, 원 모양의 일과 계획표를 작성해본 적이 있지 않은가? 그 계획표를 그리게 한 선생님의 의도를 생각해본다면 이 글을 읽고 있는 당신도 기록의 힘을 다시 느낄 수 있을 것이다. 예전에는 크게 필요성을 느끼지 못해 개인적인 일정은 따로 기록하지는 않았는데 이제는 다이어리나 휴대폰 캘린더를 활용해 일정을 꾸준히 기록해 시간 관리에 활용하고 있다.

주중에는 어떤 친구를 만나는지 내가 한 주동안 가장 많은 시간을 쏟고 있는 관계가 누구인지도 파악할 수 있다. 기록한 뒤로는 쓸데없이 SNS를 보는 시간이 줄고, 메모하는 시간이 늘었다.

즐겁고 좋았던 날의 상황이나 감정을 일기로 써두면 나중에 부정적인 기억이 떠올라 힘들거나 우울할 때 꺼내 볼 수 있는 힘이 되기도 한다. 살다 보면 부정적인 감정은 각인되고, 좋았던 기억이나 느낌은 왠지 모르게 빨리 휘발해버리는 경우가 잦은데 긍정적인 감정을 글로 남겨두어 틈날 때마다 본다면 위로와 응원이 필요하거나 기분전환을 위한 충동 소비를 하기 전에 우울한 감정을 조절할 수 있지 않을까?

사실 이렇게 영어 공부를 매일 하거나 수시로 경제 뉴스를 접한다는 것, 무언가를 끊임없이 쓰는 것은 숙제처럼 느껴져 귀찮고 의지만으로 되지 않을 때도 많다. 물론 일주일 내내 세 가지 습관을 모두 달성하지는 못한다. 하지만 너무 완벽하게 해내려고 하기보다는 완벽하지는 않더라도 일단 작은 것부터 실천하면서 나의 루틴을 만들고 있다.

그래도 지금까지는 안 하는 날보다 하는 날이 많음을 확인하고 새로운 나를 발견하고 만들어나가고 있다.

지도 밖이라 생각했던 길

정현석

　　　　퇴사를 마음먹고 나서 '이제 뭘 해야 하는가?'의 문제에 다시 직면했습니다. 퇴사도 했겠다 뭐든 다 할 수 있을 것 같은 기분이 들기도 했지만 정작 뭘 해야 할지 알 수 없었습니다. 그때까지 다른 사람들이 가는 길 위에서 옆 사람을 보고 선택하며 대학을 졸업하고 회사에 취업을 해 왔습니다. 그런 인생에서 퇴사는 지금껏 걸어온 길과는 다르게 너무 많은 선택지를 쥐어줬습니다.

많은 고민에도 불구하고 퇴사를 앞두고 며칠간의 마음은 불안하기보다 홀가분했습니다. 그제야 뒤를 돌아보고 지금까지 알차게 세워왔던 계획들이 얼마나 쓸모없었는지 깨달았습니다. 1년도 채 되지 않는 시간이었지만 밤낮으로 주말도 없는 회사생활을 하면서 계획대로 굴러간 일은 거의 없었습니다. 그래서 앞으로는 '좋지도 않은 머리 자꾸 굴리지 말고 해보고 싶은 일을 해보고 안 되면 또 포기하고 다른 일을 하자!' 라는 결론을 지었습니다.

첫 번째 회사생활을 포기하고 도망치는 사실을 인정했고, 실패 후에도 도전할 기회가 있다고 생각하니 마음이 편해졌습니다. 일의 성패 여부를 떠나 선택의 기준을 해보고 싶은 일로 하니 선택의 범위가 넓어졌고 지금껏 생각해보지 않았던 일도 선택지로 가져올 수 있었습니다. 퇴사하고 고향집에 돌아가 얼마간 별 목적 없이 동네 서점에서 이 책, 저 책 구경을 하거나 다양한 주제의 다큐멘터리와 강의 영상들을 보며 시간을 보냈습니다. 사춘기 때 했으면 좋았을 일, 무슨 일을 하고 싶은지에 대한 고민을 그제야 책과 영상들을 통해 진지하게 고민하고 찾아봤습니다.

그렇게 선택한 두 번째 직업은 개발자였습니다. 문과 출신에 평소에 개발이나 컴퓨터에 관심이 있는 것도 아니었고 굳이 따지자면 컴맹이지만 새로운 분야를 배워보고 싶기도 했고 앞으로 또 직업이 바뀔 수도 있는데 인생에서 개발을 배워보는 것도 나쁘지 않을 것 같았습니다. 무엇보다 개발자를 하면 앞으로 인생에서 회사나 지역을 더 자유롭게 선택할 수 있을 것이란 생각이 들었습니다. 막상 개발 공부를 해보고자 찾아보니 길이 없었다고 생각했던 곳에서도 많은 방법을 찾을 수 있었습니다. 그중에서도 개발을 배우겠다는 사람들에게 전공 상관없이 돈까지 지원해줘 가면서 개발 학원을 보내주는 제도가 있었습니다. 그렇게 모아뒀던 돈과 퇴직금을 들고 국비 교육을 받기 위해 서울로 올라 왔습니다.

처음 비전공자로 국비 개발 교육을 받기로 했을 때 남들은 잘 가지 않는 특별한 길이라고 생각했습니다. 그리고 그 생각은 개발 교육을 받으러 온 다른 사람들을 보고 바뀌었습니다. 지도 밖이라고 생각했던 길도 누군가 이미 갔던 길이고 많은 사람이 가고 있는 길이었습니다. 5개월 정도 되는 국비 과정 교실엔 서른 명 남짓의 사람이 모여 있었고, 거기엔 경영학과를 나와서 개발 교육을 받는 제가 평범해 보일 정도로 다양한 사람들이 있었습니다. 옆자리에 있는 형은 고등학교를 졸업하고 신발 장사를 하다가 개발을 배우고자 왔었고, 뒷자리 누나는 뜬금없이 영국 옥스퍼드대학 졸업생이었습니다. 나이가 많으신 분 중엔 은퇴한 직장인이나 육아에 전념하시느라 다년간 직장생활을 하지 못하셨던 주부님도 계셨습니다.

나중에 알게 된 사실이지만 도리어 4년제 대학의 컴퓨터공학과 학생 중에서도 1학년 때 코딩을 처음 해보고 맞지 않는다고 생각해 졸업 후 직접 개발 일을 하지 않고 다른 일을 하고 사시는 분들도 많았습니다. 평생 컴퓨터로는 웹 서핑이나 하던 저에게 개발 공부는 어려울 수밖에 없었습니다. 실제로 혼자만 어려운 건 아니었던 건지 첫째 달에 같이 과정을 듣는 분 중 5분의 1 정도가 과정을 그만뒀습니다. 강사님이 무슨 말씀을 하는지도 못 알아들었고 화면에 띄워두시고 하시는 개발을 똑같이 따라 하는 것도 어려웠습니다. 그 와중에 수업 진도를 거짓말처럼 잘 따라가는 사람들도 있었지만, 그 사람들과 달리 저는 확실히 개발에 재능이 없었습니다.

그때 조금 오기가 생겼던 것 같습니다. 기왕 퇴직금 들고 서울까지 올라와서 교육받는 거 남들 다 하는 거 왜 못하나 싶어서 아침 일찍 가서 학원이 문 닫는 시간까지 개발 코드를 쳐봤습니다. 이 공부를 해서 돈을 버는 데 성공하면 나중에 개발자가 아니라 다른 일에 또 도전해서도 성공할 수 있을 거라 생각도 들었고 사실 뭔가를 배우는 일이 조금은 재미도 있었습니다. 영화나 드라마였으면 이제 주인공이 노력하는 장면에서 희망찬 노래도 나오고 시간도 훌쩍 지나서 결국에는 시련을 극복해내고 훌륭한 개발자가 됐겠지만, 체감상 개발 교육을 받는 다섯 달은 마이너스 배속처럼 더럽게도 길었고 여전히 남들을 쫓아가는 것에도 벅찼습니다.

그때도 지금도 여전히 개발에 재능은 없습니다. 그리고 역시나 다섯 달 개발 공부만으로는 전공자들이나 컴퓨터에 관심을 두고 공부해온 사람들처럼 개발하게 될 순 없었습니다. 개발자 국비 교육을 홍보할 때 몇몇 사람들은 비전공자에서 유명한 대기업에 척척 붙기도 한다는데 같이 교육을 들은 교육생 중에 그런 사람은 없었습니다. 개발 교육을 마치고 비록 대기업은 아니더라도 대부분 교육생은 대기업 하청을 받는 SI 회사나 중소기업 취업에 성공했고 저 또한 중소기업에 개발자로 취업하여 개발자로서 첫 경력이 시작되었습니다.

국비 교육이 끝난 뒤 동기 중엔 개발이 아닌 또 다른 길을 다시 찾아간 사람들도 있었습니다. 얼마 전 연락을 해봤더니 같이 개발 과정을 들었던 연락이 되는 동기 중 지금도 개발을 하는 건 저를 포함해서 다섯 명이 채 되지 않았습니다. 전혀 개발과 상관이 없는 업종에 다시 도전한 동기도 있었고 다시 원래 하던 업무를 하러 돌아가거나 자기 전공의 일을 전문적으로 하기 위해 대학원을 찾아간 동기도 있었습니다. 같이 개발 교육을 들은 동기들도 새로운 길을 찾고 도전하는 사람들이었고 계속해서 새로운 길을 걸어가고 있었습니다. 같은 시작점에서 만났으나 똑같은 길을 걷고 있는 이는 아무도 없었습니다.

백지장

권선영

마지막 출근하는 날, 그렇게도 많은 감정을 가지고 집착했던 순간이 많았지만 짐을 챙기고 돌아올 땐 오로지 한 사람, 나 '권선영'이 남았다. 사직서를 던지고 허무한 마음은 이미 첫 번째 퇴사에서 강력한 감정으로 느꼈기 때문에, 두 번째는 담담하고 담백했다. 이제 뭘 해야 할까? 많은 동료들은 마지막 날까지 물었다.
"그래서 앞으로 뭐 할 거야?"
그들의 질문에 답을 명확하게 하지 않았다. 생각 못 한 게 아니라 하고 싶지 않았다. 이곳에서 방향 없이 그저 경주마처럼 달려오면서 내가 무얼 하고 싶은지까지 조급하게 결정짓고 싶지 않았다. 천천히 휴식하며 사유하는 시간이 필요했다.

기억을 거슬러 올라가서 곰곰이 생각해보니 나는 줄곧 즉흥적이었다. 중국 교환학생 1년, 남미 여행, 싱가포르 현지 면접, 중국 인턴 생활 등 타인에게 있어서는 무슨 뜻으로 도전했는지 질문을 받았지만, 사실 난 그저 내가 할 수 있는 일과 하고 싶은 일에 돌진할 줄만 알던 사람이었다. 커리어에 있어서 친구들보다 빠른 취업과 승진이 있었지만 집에 돌아오는 길이면, 온통 새까만 공간에서 내게만 조명이 탁 켜졌다.

내 자아가 내게 집중되는 에너지를 느낄 때면 알맹이가 없는 허위의 열정을 가지고 연극을 하는 나를 마주했다. 그래서, 난 천천히 가고 싶어졌다. 빨리 생각하고, 신속히 행동하고, 성급하게 대답만 할 줄만 알았던 나, 이렇게 살다간 후회로 남은 20대로 피날레를 장식할 게 분명했다. 퇴사를 한 지 어연 6개월 정도가 되었고, 나는 뭐든 경험해보기로 결심했다. 크게 3가지 도전을 했다.

첫 번째 도전, 중국어 강사

회사를 다니며 1년 동안 진득이 해온 중국어 강의를 발전시켜보기로 했다. 숨고(생활서비스 고수 매칭 플랫폼)를 이용해 학생을 열심히 찾기 시작했다. 통번역 대학원을 나온 것도 아니고 중국어 전공을 한 것도 아닌 내게는 쉽게 기회가 주어지지 않았다. 그렇지만 원래 시작은 미약한 게 아닌가! 열심히 수단과 방법을 가리지 않고 3명의 학생을 찾았고 나만의 콘텐츠로 강의를 집중하기 시작했다. 강의를 한 달 동안 거듭하면서 본업으로 중국어 강사를 한다는 게 생각한 것보다 공부량이 어마어마했다. 통번역 대학원도 고민했지만, 곰곰히 생각해보니 내가 하고싶은 건 중국어를 가르치는 것도 좋지만 내가 더 돋보이는 일을 하고싶었다. 그렇게 중국어 강사라는 꿈은 하나의 지나가는 꿈이 되었다.

두 번째 도전, 모델

모델, 출사를 하기전까지 이 단어만 들어도 위화감이 느껴졌다. 여러번 카메라 앞에 서고나니, 카메라 앞에서 스스로를 표현하는 일을 하는 사람은 모두 모델이라 더 넓게 정의하게 되었다. 지난 여름, 사진작가님 한 분과 인연이 닿아 촬영을 시작하게 되었다. 본래 허약한 체력을 가지고 있다고 생각했지만, 촬영날은 달랐다. 카메라 렌즈가 나를 향해있고, 셔터가 찰칵찰칵 울리는 느낌이 좋아 그저 그곳에서 매료되었다. 그 순간에 있으면 내가 특별한 사람이 된 것 같았다. 출사를 사랑하게 되었다. 그때부터 나는 발빠르게 인스타그램 계정을 만들었다. 비주류 삶을 고집하던 내가, 팔로워 수를 열심히 늘려갔고 사진무드가 멋진 작가님에게 촬영 제의도 하기 시작했다. 한달에 무려 8번이나 출사를 나갔다. 다양한 느낌으로 나의 SNS 피드를 채워가면서 정말 새로웠다.

나라는 사람은 항상 웃는 모습으로 경쾌한 모습을 보여주는 게 익숙했다. 그렇지만, 내면적으로 건조한 감정도 있고 초연한 마음도 많았다. 힘든 순간들을 이겨내고 지탱해왔기에 이 감정도 소중했지만 타인들에게 환영받을 수 없다고 늘 생각했었다. 하지만 카메라 앞에 서니 달랐다. 사람들은 나의 드리운 마음을 표현하는 모습도 매력적이라고 했다. 그런 게 좋았다. 다양한 나로서 존재할 수 있다는 것. 그저 정해두지않고 마음이 기쁘다면, 언제든지 카메라 앞에서 자연스러운 모습들을 담아내고 싶다.

세 번째 도전, 모바일 쇼호스트

쇼호스트라는 직업은 나와 거리가 멀다고 줄곧 생각해왔다. 어릴 적엔 채널을 돌리다 홈쇼핑을 보면 그런 생각이 들었다. '저 쇼호스트라는 사람은 어떻게 저렇게 말을 잘하지? 왜 저렇게 사람을 재촉하지?' 그 이상 그 이하도 아니었다. 그런 내가 쇼호스트라는 꿈을 꾸게 된 계기가 있었다. 우연히 아르바이트 공고 사이트에서 '동대문 라이브 방송 중국어 가능자 구인'을 뽑는 공고를 접하게 되었다. 그 순간 '오! 이건 내가 해봐야겠다!' 하는 생각이 압도했다. 재빠르게 지원했고, 합격했다. 지금 생각해보면 방송해본 경험도 없던 내가 어떤 용기가 있었는지 모르겠다. 아무래도 호기심이 두려움을 능가했던 것 같다.

첫 방송을 하는 날, 나는 속으로는 무척 긴장했지만 방송에서 열띠게 설명했다. 두 시간이 마치 다섯 시간처럼 길게 느껴지고 진땀이 났다. 그 와중에도 신비로운 감정이 들었다. 긴장되고 피하고 싶지만 동시에 잘해보고 싶었다. 고등학생 때 서울로 뮤지컬 학원을 다녔던 내가 떠올랐다. 매일이 외줄을 타는 듯 두렵고 피하고 싶었지만 재밌었고 설렜던 그 시절. 그날, 집에 돌아와서 나의 방송 영상을 다시 보면서 갑자기 눈물이 흘러나왔다. 그 눈물의 의미는 나만 아는 복합적인 감정이었다. 큰 용기를 냈던 것에 대한 감동의 감정, 그리고 턱없는 부족함에 대한 눈물이었다. 그때 내 안에 들끓는 열정을 느꼈다. '나 이거 진짜 잘해보고 싶어.'

나의 세 번째 도전 '모바일 쇼호스트'를 이루기 위해 고군분투하는 현재 진행형의 과정은 4장에 자세히 써보려 한다. 이처럼 다양한 도전을 해오면서 체력적으로 버겁기도 했지만, 마음속 열정을 내가 좋아하는 분야에 마음껏 발산해본 시간이기에 기꺼이 버틸 수 있었다. 삶을 반추해보면, 사랑했던 순간은 모두 진심으로 우러나는 열정으로 행했을 때였던 것 같다. 나의 스물여덟 살은 그러한 사랑하는 순간들을 차곡차곡 쌓아가면서 성장하는 시간이 되길 바라본다.

용기를 가지고 내딛는 세 발짝

김민지

> 누구의 욕망도 아닌, 온전한 나의 욕망이기에 우리는
> '그냥'이라는 감각에 귀 기울이며 그냥 해보고 싶은 일을 그냥 해봐야 한다.
> '김수현, 『애쓰지 않고 편안하게』, 놀(다산북스)'

누구나 어떤 일을 시작할 때 걱정부터 앞선다. 또다시 실패하지는 않을까, 잘 안되면 어쩌지. 나도 항상 의심과 불안을 가지고 있어 선뜻 많은 생각들을 현실로 옮기지 못한다. 끊임없이 스스로를 의심하기도 하고 지나치게 허황된 미래를 꿈꾸는 건 아닌지 홀로 고민하는 시간이 많기 때문이다. 모든 일은 꾸준히, 열심히만 한다고 이루어지지는 않는다. 그렇다고 이번에도 생각한 것을 주저하면서 '나중에 하지 뭐!'를 외치고 싶지 않았다. 설령 누군가 알아주지 않아도 내가 원하니까 그냥 해보기로 했다.

취미로 시작한 캘리그래피, 프로를 향해

취미가 업이 되려면 꾸준히 활동해야 하는 것 같다. 나도 셋째를 출산하고 취미로 배운 손글씨를 지금까지 하고 있을 줄은 몰랐다. 좋아하는 음악을 들으며 시간 가는 줄 모르고, 허리가 아픈 줄 모르고 몇 시간 동안 의자에 앉아 몰두했던 적이 언제였던가. 그 덕분에 목과 허리디스크로 병원 신세를 지기도 했다. 그렇지만 지금도 캘리그래피 덫에 빠져 헤어나오지 못하고 지속적으로 배우고 있으니 사랑이 맞는 듯 하다. 배우면 배울수록 점점 더 새롭고 오래도록 계속 하고 싶다는 생각을 하게 되니 이 일은 내 적성일 것이다. 좀더 일찍 시작했으면 좋았을 텐데, 하는 아쉬움이 남지만 나이가 들어도 할 수 있는 일이 있어 행복하다. 처음에는 내가 직접

쓴 글씨가 담긴 봉투나 액자를 다른 이에게 선물하는 것이 즐거웠다. 작은 선물이지만 그것을 받고 기뻐하는 모습에 덩달아 나도 뿌듯했다. 이런 마음을 느낄 수 있는 일이라면 다른 사람과 나눌 수 있을 것 같았다. 그래서 온라인 강의로 나의 재능을 나누고자 도전 중이다. 그 외에도 유형의 물건과 무형의 재능 판매를 시도하고 있다. 그중 프리랜서라면 누구나 알 만한 마켓인 크몽(kmong, 재능 공유 플랫폼)에 내 재능을 올려보았다. 사실 3, 4년 전부터 이 플랫폼을 알고 있었지만 감히 도전을 할 생각은 하지 못했다. 뛰어난 실력을 갖추지 않은 사람이 할 수 있는 일이라고 생각하지 않았기 때문이다. 하지만 지금은 어느 정도 제출할 만한 포트폴리오들이 쌓여 드디어 이곳에 작가 등록을 했다. 꽤나 늦게 한 편이지만 속은 후련했다. 역시 첫 술에 배부를 수 없듯 한 번 반려되어 수정 후 전문가 등록을 마칠 수 있었다.

물건 판매에 도전하다

아이디어스, 네이버 스토어, 엣시(etsy), 텀블벅 등 판매를 할 수 있는 경로는 많이 있다. 그중 나에게 맞는 곳을 선택해 계속 시도 중이다. 현재는 네이버 스토어와 아이디어스에 물건을 올려놓은 상태다. 어엿한 판매자지만 판매로 이어지기까지는 시간이 좀더 필요할 것 같다. 아이디어는 많은데 하기 두렵다면 그냥 하라고, 망설이지 말고 당당하게 하라고 말하고 싶다. 한 달 매출 오백만 원, 천만 원은 나에게 꿈의 숫자지만 도전하면서 배우는 일들이 참 많았다. 먼저 판매 과정을 훤히 들여다볼 수 있으니 물건 하나를 고를 때도 꼼꼼히 따져서 선택할 수 있는 눈을 가질 수 있다.

또한 컴퓨터와 친해져 플랫폼 하나를 만드는 일도 손쉬워졌다. 물론 준비 과정은 복잡하고 판매까지 이어지는 과정은 단숨에 이루기 어렵다. 하지만 가만히 있는 사람보다 시도하는 사람이 원하는 것을 손에 쥘 수 있을 거라 믿는다.

게으른 독서가의 서평 활동

보통 "취미가 뭐죠?"라고 물으면 '독서'라고 답하는 사람이 꽤 있다. 나도 책을 좋아하고 많이 읽는다고 생각했다. 하지만 일 년에 20권도 읽지 않는 게으른 독서가였다. 읽고 난 후 간단하게 기록을 남겼지만 꾸준하게 유지하지 못했다. 책장에 꽂힌 책들에 스민 나의 생각들이 마치 연기처럼 사라져버리는 것 같았다. 이렇게 안타까워만 하고 있을 때 좋아하는 책을 읽고 SNS에 서평을 올리고 있는 인플루언서이자 인스타그램 강사인 분의 강의를 듣게 되었다. 혼자만 가뭄에 콩 나듯 하던 기록을 꾸준히 할 수 있는 기회가 있다니 놓칠 수 없었다. 익숙하지 않은 컴퓨터 때문에 하나 하면 다른 하나가 막히고 다시 해결하면 다른 것이 앞을 가로막았다. 하지만 여기서 포기하면 또 예전의 나로 되돌아갈지도 모른다는 생각 때문에 주위의 온갖 매체들을 찾아가며 독서 계정을 드디어 만들었다. 되도록이면 소설, 에세이, 시로 편중되지 않도록 다양한 분야를 읽고 서평을 쓰려 한다. 또 매달 읽은 책 목록을 게시하며 스스로를 체크하고 기록한다. 이렇게 하니 강제성과 책임감을 가질 수 있고 '좋아요' 칭찬과 댓글로 앞으로 나아갈 수 있는 힘도 얻는다. 시작한 지 3개월 정도쯤에 "이 책도 서평해 줄 수 있나요?"라고 협찬이 들어왔다. 모든 서평이 반갑기는 하지만 힘든 서평도 있기 마련이다. 역시 좋아하지 않은 분야의 책은 읽기 힘들고 서평도 어렵다. 특히 심리학이나 철학 책은 보통 400쪽 이상 되고 집중하기도 쉽지 않다. 그래도 '어려워!'라며 벽을 쌓는 것보다 이런 분야도 한 달에 한두 권 정도는 읽으려 한다. 모름지기 내가 좋아하는 것을 하려면 좋아하지 않는 일도 해야 '덕업 일치'의 길로 가는 것이리라. 만약 시간 가는 줄 모르는 일을 꾸준히 하고 있다면 반드시 자신에게 맞는 일을 꼭 찾을 거라고 말하고 싶다.

끄적거리던 글, 책 한 권을 향해

마지막으로 가장 고민이 되고 망설였던 일은 바로 글쓰기다. 글이 주는 힘을 이미 경험한 나로서는 남에게 보여지는 글을 쓰는 것이 두려웠다. 글로 웃기도 하고 위로도 받지만 어떤 이는 상처를 받고 절망을 할 수도 있기 때문이다. 그래도 지금은 미뤄왔던 글쓰기를 실천으로 옮기고 있는 중이다. 제일 먼저 브런치 작가에 도전! 다행히 한 번에 통과되어 작가 인증을 받았다. 글쓰기 플랫폼에 통과하는 일에 '도전'이라는 단어는 거창하다고 누군가는 생각할 수 있다. 하지만 글쓰기 교육을 받은 적도, 전공도 아닌 나에게는 처음으로 공식적 인정을 받은 뿌듯한 일이다. 일기처럼 쓰는 글 말고 남에게 보여질 수 있는 글을 쓰는 플랫폼을 가지고 나니 본격적으로 글을 쓰고 싶었다.

한 권의 책을 내는 작가들을 보면서 어떻게 300페이지에 달하는 글을 쓸 수가 있을까 감탄만 했었는데 내가 해내고 있었다. 매일 한 편씩 글을 쓰니

40편이 넘는 글이 쌓였다. 퇴고도 아직 못했고 출판은 엄두도 못 낸 글이 있지만 스스로 40편의 글을 써냈다는 자신감은 다음 글을 쓸 수 있도록 용기를 준다. 유명한 작가들이 책을 계속해서 낼 수 있는 힘이 이런 것이 아닐까. 글을 쓰게 하는 힘은 또 있다. 불안하고 우울했던 마음이 글자 하나하나 두드릴 때마다 서서히 나아지고 있었으니까.

준비와 기회의 관계성

신하령

　　　　　엄마가 되고 몸과 마음이 아이들과 집안일에 묶여있다 보니 답답함을 자주 느꼈다. 아이들을 돌보다 보면 정신없이 몸은 바쁜데 마음은 늘 둘 곳 없어 허전하고 공허했다. 남편은 아이를 낳으면 가정에 충실할 것처럼 말하더니 처자식을 먹여 살려야 하는 가장이라는 책임감에 눌려 가정보단 늘 회사 일이 우선이었다. 유모차를 끌고 바깥바람이라도 쐴라치면 자기 고집이 생긴 아이는 이쪽저쪽 손가락질을 하며 자신이 갈 곳을 정했다.

내 상황이 이러하니 보이는 사람들은 비슷한 아기 엄마들이었다. 아기 띠를 하고 유모차를 밀고 있는 두 아이 이상의 엄마를 보면 '아, 저 엄마 정말 힘들겠다. 난 하나도 이렇게 힘든데 어떻게 두 아이를 동시에 돌보나. 정말 대단해.'라며 존경하는 마음과 안쓰러운 마음으로 보게 된다. 반면에 한 아기만을 유모차나 아기 띠로 안고도 맵시 있게 한껏 꾸민 아기 엄마를 보면 아기만 똑 떼어 놓으면 '워너비 걸'로 손색이 없을 정도다. 나는 이런저런 얼룩이 자연스레 배어 있는 늘어진 줄무늬 티셔츠에 머리는 하나로 대충 묶어 올리고 다크서클 내려온 얼굴로 화장기없이 기저귀 가방 들고 구겨진 운동화를 아무렇게나 신고 나왔는데, 순간 내 모습이 부끄럽지만 멋을 부린 아기 엄마는 나보다 젊기에 체력도 좋아 저럴 수 있겠지, 난 저렇게 꾸밀 마음의 여유가 없다며 체념하곤 했다.

아기는 세상에 이런 천사가 내 아이라니! 감격스러울 정도로 예쁘고 사랑러웠지만 한편으로 한 개인으로서 나는 이제 세상에 존재하지 않다고 느끼면서 점점 자신감이 떨어졌다. 이렇다 할 소속감마저 없었으니 외롭고 위축될 수밖에 없었다. 타인의 SNS만 봐도 내 삶과는 전혀 달랐다. 아기도 어린데 집은 말끔하게 정돈되어 있고 오색빛깔 찬란한 우리 집 매트와 다르게 그 집은 유아용 매트마저 고급스럽게 세련됐다. 게다가 인테리어 감각이며 음식 솜씨는 얼마나 좋은지 스튜디오를 방불케 했다.

남의 삶과 내 삶을 비교하다 보니 더욱 현실에 만족할 수 없었다. 부정적인 생각이 걷잡을 수 없이 커지자 더 이상 이대로 살면 안 되겠구나 싶었다. 변화가 필요했다. 우선 내 마음가짐부터 바꾸고 나부터 먼저 변화해야만 했다. 내가 원하는 게 뭘까? 물질적인 부와 높은 지위라는 사회적 성공의 이름보다는 나 스스로 내적 성장을 이루고 싶었다. 구체적으로 상황과 환경, 사람에 흔들리지 않고 오롯이 나로 당당해지는 것. 나를 알고 사랑해주는 것을 통해 낮아진 자존감을 끌어올리는 것, 아이들에게 좋은 인격 유산을 물려주는 것 등이 내가 이루고자 하는 바였다.

사실 그 목표와 이루고자 하는 열망이 뚜렷하게 수면으로 떠 오르기 전의 난 도저히 무기력하고 우울한 이 상태론 더 살 수가 없겠다, 이러다간 나는커녕 아이들조차 망치겠다 싶은 위기감이 극에달했다. 그래서 살고자 하는 의지로 해결책을 찾고자 무작정 도서관에 가서 책을 집어 들었다. 아이로부터, 돈으로부터 자유롭지 못한 나로서는 그것밖에 할 수 있는 게 없었다. 책의 활자들 속을 유영하면서 비로소 불안한 내 마음이 차분해짐을 느꼈다. 책은 누군가에게 내 마음이 이렇다 꺼내 보일 수 없을 정도로 정의하기 힘들었던 마음 상태에 대해 '네 감정은 지금 이런 거야. 너는 이게 필요해. 그동안 어떻게 참았니? 너만 그런 거 아니란다.'라고 어느 정도 선명한 진단과 함께 날 공감하고 다독여주었다.

> 오늘은 힘들고 고된 하루지만 내일은 오늘을 밟고 일어섰기에
> 더 단단해질 거라고 말해 주는 힘.
> 그런 힘을 주는 누군가로 인해 내가 받은 상처가, 해결되지 않을 것 같은 문제들이 조금은 가벼워지는 순간들이 있다.
> '김인숙, 『나로 살게 하는 치유 글쓰기의 힘』, 지식과감성'

엄마가 되고 나면 많이 외롭다. 아무도 내 일상과 안위를 궁금해하지 않을 때 과연 내가 쓰임이 있는 존재일까? 존재마저 의심하게 된다. 그런데 책은 내가 이런저런 위로가 필요할 때마다 딱 그에 적절한 근거 있는 위로를 건넨다. 물론 『나로 살게 하는 치유 글쓰기의 힘』에서처럼 내가 아끼는 사람들로부터 받은 위로가 더욱 축 처진 어깨를 금세 세워주지만, 자존감이 낮아진 상태에서는 아무리 가까운 사람에게도 "나 지금 이래요. 나 좀 챙겨주세요. 위로해주세요." 말하기가 어렵다. 나약해 보이는 것 같고 그 사람은 그 사람대로 힘든 삶을 살아내느라 고될 텐데 나까지 마음에 부담 주기가 싫어서다. 그럴 때 책 친구만 한 것이 없다. 나는 종교가 있고 하나님이라는 절대자를 믿지만, 때론 너무 마음이 지쳐 기도조차 힘들 때 책을 펼치면 마치 그분이 날 꿰뚫어 보시고 활자로 날 휘감아 휘청거리는 마음을 다잡게 도와주심을 느낀다.

책을 통해 마음의 위로를 받고 새로이 용기를 내 적극적으로 살아볼 용기가 생기자 점점 자신감이 생기기 시작했다. 물론 비슷한 의지와 목표를 가진 엄마들이 함께 모여 서로의 꿈을 응원하는 온라인 카페에서의 글쓰기도 한몫했다. 책 읽기와 글쓰기가 세트처럼 내 삶에 붙어 시간이 날 때마다 함께 하다 보니 점점 내 마음이 안정되고 내 생각도 정교해졌다. 힘든 삶에서 오로지 나만 피해자라고 생각하고 타인을 보이지 않게 적대시했던 나는 점점 세상으로 한 발짝씩 나올 수 있었고 타인의 목소리도 들을 수 있었다.

책은 나의 숨통이자 세상과 연결해주는 끈이었다. 책으로 마음이 어느 정도 단단해졌다 싶었을 때 엄마라는 이름표 대신 내 이름 '신하령'의 이름표를 다시 달기 위해 세상으로 나갔다. 다독(多讀)으로 마음 단련을 하고 무장하고 나갔기에 고된 노동의 시간도 퇴근 후 육아라는 책임과 의무도 너끈히 감당할 수 있었다. 하지만 역시 사회란 곳은 월급을 주는 만큼의 대가를 치러야 하는 곳이었다. 더군다나 의도치 않은 불필요한 인간관계에서 오는 피곤함이 날 짓눌렀고, 상부 하달식의 폐쇄적인 구조의 회사에서 모르는 분야를 배우고 개척해나가며 성장하리란 것은 기대조차 할 수 없었다. 결국, 2년을 채우고 퇴사를 했다.

퇴사하고 나면 많은 여유가 생길 줄 알았지만, 오히려 더 바빠졌다. 왜냐면 일을 하면서도 꾸준히 해왔던 독서와 글쓰기에 더욱 체계적으로 많은 시간을 할애해야 했기 때문이다. 기회는 누구한테나 올 수 있지만, 그 기회를 잡는 사람은 순간순간 노력하는 사람이 잡을 수 있다는 말을 『일하는 사람의 생각』(박웅현 지음, 세미콜론)에서 봤는데 늘 운이 없는 사람이라 생각했던 나에게도 기회라는 녀석이 찾아왔다.

사고와 지식을 조금 확장해보고자 다양한 장르의 책들을 두루 읽고 서평을 써왔는데 개인 블로그에 올린, 일할 때 참고가 되기 위해 봤던 책의 서평을 보고, 책의 저자가 내가 책을 읽고 핵심을 잘 파악해서 정리했다며 고맙다는 말씀을 전해주셨다. 그것이 인연이 되어 업무에 대한 조언도 받고 더 나아가 콘텐츠 만드는 노하우, 한 분야에서 성공하기 위한 지름길 등 쉽게 얻을 수 없는 정보들을 받았다. 그리고 내게 동기 부여를 많이 해주셔서 그동안 썼던 글을 토대로 그 작가님처럼 책을 출판해보고 싶다는 생각으로 번지게 되었다.

과거를 곱씹지 않고 닥치지 않은 미래를 두려워하지 않으며 현실에 만족하며 잘살아 보자는 마음으로 시작한 일, 둘째 아이가 어린이집에 다니기 시작하고 여섯 살이 된 지금까지 꾸준히 해왔던 책을 읽고 기록했던 습관들로 글들이 차곡차곡 쌓였다. 그랬더니 책 한 권의 분량으로 엄마로서 산 인생 7년의 삶이 정리되었다. 꾸준히 읽고 쓰는 삶을 살지 않았다면 엄두도 못 낼 일인데 정말 독서는 나를 음지에서 양지로 이끌어준 소중한 동아줄이나 다름없다. 책을 통해 나와 나를 둘러싼 상황이 앞으로 얼마나 더 변화하고 발전할지 기대된다.

4

반갑습니다

서른넷 : 행복, 성공, 살고 싶은 삶에 대한 집념
여전히, 꿈을 찾고 있습니다
사랑하라, 한 번도 상처받지 않은 것 처럼
빅 피쳐 (The big picture)
작은 성공과 남은 도전
고군분투
미래를 향한 네 발짝
꿈을 꾸다

서른넷 : 행복, 성공,
살고 싶은 삶에 대한 집념

함승혜

"여행을 많이 다녔어요."

제일 많이 듣는 질문은, 어디가 제일 좋았어요? 왜 그렇게 오래 여행해요? 라는 물음에 대답은 늘 같다. 다 좋았어요. 어디든 다 각자 다른 공기와 색을 가지고 있거든요. 점점 나의 여행이 곧 내 삶인 듯 자연스러워진다. 가능하면, 하고 싶은 일을 한다. 다른 내가 되어보고 싶고, 그렇게 살아가는 지금에 감사하며. 매일의 만남에 감사하며. 그저 나와 다른 사람들의 삶을 조금 더 가까이서 본다. 그리고 다양한 삶의 방법이 있음에 놀라곤 한다. 어떻게든 살 수 있어. 문제는 방향. 나는 어디에서 어떤 삶을 살며 어디로 걸어가고 싶은가. 집을 나오지 않았으면 만나보지 못했을 사람들과 마주해 웃음을, 이야기를, 추억을 함께 나누며 더 나은 사람이 되고 싶다. 지금보다 더 나은 사람. 약자에게는 부드럽고, 강자에게는 강할 수 있는 사람. 내 목소리를 내는 데 당당할 수 있고, 그 목소리를 내기 전에 옳은 가치 판단을 할 수 있는 바른 신념을 가진 사람. 더 좋은 사람이 되어 더 좋은 사람들 사이에서 서로 좋은 영향을 끼치며 웃으면서 살고 싶다.

나는 지금 여행하는 프리다이빙 강사로서 살고 있다. 서른 살에 처음 만난 프리다이빙에 빠져 최우선 순위였던 여행은 차순위로 밀려났다. 30대를 프리다이빙과 함께 보내보리라 마음을 먹었는데 30대 중반쯤 되어 느끼는 건 평생을 해도 모자랄 것 같다는 마음. 20대에 만났던 다른 열정들처럼 금세 지치지 않고, 더 천천히 오래오래 깊이깊이 프리다이빙과 함께하고 싶다는 간절한 애정. 프리다이빙과 함께 펼쳐지는 관련된 가지들을 따라가다 보니, 요가를 더 배우고 싶고 명상에 관심을 가지고 호흡에 더 깊이 집중하게 된다. 무궁무진한 배울 것들을 채우다 보면 적어도 옳은 방향으로 가고 있다는 생각이 든다. 내가 바라는 방향으로 내가 원하는 속도로 나를 채우는 삶이다. 다이빙을 하다 보면, 혹은 호흡이나 명상에 집중하다 보면, 어느 순간 투명하게 그 순간에 머무는 느낌을 받을 때가 있다. 그렇게 과거도 미래도 아닌 순간에 오롯이 존재하는 순간들이 늘어간다. 그렇게 단 한 걸음이라도 좋으니 앞으로 나아가기를. 오늘보다 조금 더 나아지기를. 나란 인간의 인성, 그릇, 꿈, 습관, 행동, 만남, 내가 통제할 수 없는 인연이나 사건, 모든 소중한 순간들이 내가 바라는 곳에서 내가 바라는 방향으로 나아갈 수 있기를. 만나는 모든 이들과 선한 영향력을 주고받으며 더 나은 내가 되어가기를. 꿈꾸는 나에게 더 가까워지기를.

아무리 배가 고파도 평생 글을 쓰는 사람이었으면 좋겠다. 한 권쯤 책을 출간한 작가였음 좋겠다. 힘든 누군가에게 작게라도 힘이 되거나 마음을 치유하는 글을 쓸 수 있다면 좋겠다. 늘 행복하게 살았으면 좋겠다. 늘 해맑게 웃으며 사심 없이 친절하게 살고 싶다. 좋은 어른이 되고 싶다. 올바른 판단을 할 수 있고 옳은 소리를 낼 수 있는 바른 어른. 약한 자에게는 약하고 강한 자에게는 강한 사람이 되고 싶다. 힘 있고 자유롭고 행복하고 즐거운 사람. 40대의 함승혜는 아마도 제주도에서 프리다이빙을 가르치고, 호흡과 명상을 알리고, 요가수련을 하면서, 글도 쓰고, 차도 마시고 함께 이야기도 나누고, 바른 식생활과 행복한 마음으로 살아가는 법을 전하는 사람으로 살아가고 있지 않을까?

지금 잘하고 있는가에 대한 두려움을 늘 고민했다. 즐기면서 또 많은 사람을 만나고 헤어지고 또 깊이 정들고 스쳐 지나오면서 확신하게 된 것은, 그래, 난 잘하고 있고, 이렇게 좋은 사람들을 많이 만나고 느끼고 배우고, 그러면서 더 좋은 사람이 되어가는 지금은 내가 원하던 나의 모습이라는 것.

바람이 되고 싶었다. 그래서 바람처럼 나를 시간에 맡기다 보니, 그런 말을 듣게 되었다. "바람 같은 너니까." 다른 사람이 내게 그런 사람이라고 한다. 내가 되고 싶었던 나. 당장 내년에 내가 죽더라도 나는 지금을 절대 후회하지 않는다. 지금의 내 모습이 좋다. 그리고 때로 분에 넘치게 행복하다. 바람 소리가 너무나 좋다. 나뭇잎을 부대끼게 하고 나를 흔드는 이 바람. 바람은 어디에서 불어오고 어디로 불어가는 걸까. 그리고 난 어디로 가서 무엇을 하게 될까. 흘러 흘러 오다 보니 내가 있어야 할 자리에 나에게 맞는 옷을 서 있는 기분이 든다. 언덕길에선 걸음이 느려지고 힘들기도 하지만 멈추지만 않는다면 곧 고통은 끝나고 새로운 내리막과 쉴 곳이 기다리고 있다. 고통 앞에서 멈추지 않는 법을 배운다. 고통을 마주하고 그 안에서 나만의 춤을 추는 법을.

소중한 1분이 모여 내가 된다. 모든 순간이 꿈꾸는 내가 될 기회이다. 아직은 살아 내 곁에 있는 소중한 이와 밥을 먹고 손을 잡고 안고 사랑한다고 말할 기회. 아주 소중한 오늘. 아직 여행은 끝나지 않았다. 오늘 가는 그 모든 새로운 곳에도 설렌다. 오늘의 유한한 행복을 만끽할 것.

여전히, 꿈을 찾고 있습니다

이수빈

오랜만에 무언갈 배우고 싶다는 생각이 간절해 여행 일정을 앞당겨 귀국을 서둘렀다. 9개월이었던 여행 일정을 7개월로 끝내고 귀국해 남은 여행 비용으로 조향과 관련한 코스를 수강했다. 취업준비생이었던 시절처럼 또다시 직업이 없는 신분에 30대가 되어버린 상황이었지만 초조함은 없었다.

왜였을까. 스물여섯도 늦었다고 생각했던 것이 틀린 생각임을 알았고 서른한 살도 새로운 것을 시작하기에 충분히 젊다는 사실을 깨달았기 때문일까. 사람들의 시선에 대한 압박감도 없었다. 여행을 다니며 내가 무슨 옷을 입든 어떤 액세서리를 걸치든 외적인 것으로 날 평가하는 사람들은 없었고 오로지 대화를 통해 나를 평가하고 이해하려 했다. 이런 태도들이 늘 남들 시선에 사로잡혀 있던 나를 해방시켜줬고, 외적인 것을 꾸미는 욕심도 내려놓게 됐다. 여행은 이렇게 나 스스로에 대한 자신감과 여유를 주었다. 오로지 매일 즐겁게 배우는 일이 내 새로운 직업이 될 수 있다는 사실이 마냥 좋았다.

4개월간의 조향 교육 수료 후, 새로운 일과 원래 했던 일 사이에서 많은 내적 갈등을 겪었다. 전 직장에서의 커리어가 좋았기에 귀국 후 여러 헤드헌팅 연락을 많이 받았고, 내가 잠시 일탈했던 사이에도 똑같은 일상생활을 하고 있던 전 직장 동료나 친구들과 대화를 하다 보면 다시 그 곳으로 돌아가는 게 맞는 건가 하는 생각이었다. 여행하는 동안 비축해뒀던 생활비도 다 써버렸으니 안정적 자금이 필요하기도 했다. 긴 고민 끝에 내가 직접 만든 상표로 '사업자'를 설립하고 1인 기업가가 되는 길을 택했다. 더 이상 투자할 비용도 생활비도 없는 상황이 되었지만 좋아하는 일로 조금이나마 돈을 벌 수 있다는 게 보람차고 행복할 것 같았다. 내가 하는 모든 행동들이 누구를 위해서가 아닌, 회사를 위해서가 아닌, 나와 내 회사를 위해서니까. 하지만 이런 보람도 잠시. 행복을 꾸준히 영위하기 위해서는 결국 '자본금'이 중요했다. 큰 투자 비용 없이 소소하게 시작한 작디작은 영세사업은 2평 남짓한 1인 사무실 월세를 내기에도 빠듯했고, 겉만 번지르르한 대표라는 직함을 달고 있는 나는 한 회사의 '대리님'에게 매번 밥을 얻어먹게만 됐다. 단지 하고 싶은 일을 하며 재밌게 살고 싶었을 뿐인데 세상은 그렇게 호락호락하지 않았다.

퇴사를 하고 1년 7개월. 사업계획서 하나 없이 시작한 1인 기업은 어떤 방향으로 나아가는지도 모른 채 뒤뚱거렸고, 생활고가 다가오니 습관처럼 채용 사이트를 자주 뒤적거리는 나를 발견했다.

 지난 6개월간 수없이 받았던 헤드헌팅도 그 수가 급격하게 줄기 시작하니 없던 조급함이 점점 생겨나기 시작했다. 올해 과장 승진을 한 회사 동기의 연봉은 얼마나 올랐을까 괜시리 생각해보고 대기업 과장과 1인 기업 대표의 사회적 명예에 대해 비교해보기도 했다. 딸이 대기업에 다닌다고 늘 자랑하셨지만 퇴사한다고 했을 때 별말씀 없이 내 결정을 묵묵하게 받아들이셨던 엄마의 얼굴이 떠올랐다. 아무 일 없이 회사를 다니고 승진을 했더라면 얼마나 기뻐하고 자랑스러워하셨을까.

"딱 6개월만 더 후회 없이 해보고 안 되면 경력 단절되기 전에 다시 돌아가려고요!"

회사 생활의 멘토이자 인생 멘토로 모시는 선배에게 굳세게 얘기했다. 퇴사할 때도 "그래, 넌 젊어. 뭐든지 할 수 있는 나이잖아. 내가 네 나이라면 뭐든 했을 거다." 용기를 불어넣어 줬던 선배는 "아직도 넌 젊어. 너에겐 미래가 있어. 안 되면 그때 돌아오면 되지."라며 이상과 현실이 모두 담긴 답변을 해줬다.

안정된 직장인과 혼자 일하기, 어떤 쪽을 더 추천하는지 물어본다면 선뜻 대답하기 어렵다. 각자의 장단점이 너무나도 뚜렷하기 때문이다. 매달 꾸준히 들어오는 행복의 열매가 있고 기업이 주는 복지 또한 직장인만이 누릴 수 있는 특혜 중 하나다. 기업의 규모에 따라 복지의 수준이 천차만별이겠지만 내가 얼마나 괜찮은 대우를 받고 있었는지에 대해 느꼈던 건 연봉이 아닌 복지였다. 대신 그에 맞는 노동의 강도는 각오를 해야 한다.

반면, 하루를 내 맘대로 쓰는 자유는 매우 달콤하다. 늦잠을 실컷 자고 일어나 일을 시작하거나 아플 때 병원을 눈치 보지 않고 갈 때면 정말 퇴사하기 잘했구나 하는 생각이 절로 든다. 내가 열심히 일하면 일한 만큼 성과가 바로 보이는 것도 장점이지만 이런 달콤함에 따라오는 불안감 또한 있기 마련이다.

퇴사를 앞둔 이들에게 전하고 싶은 한 가지는 나처럼 계획 없이 시도하는 것도 물론 장점이 있지만 계획 있게 행동하는 것이 훨씬 더 도움이 될 거란 것이다. 힘든 과정을 거쳐 들어간 소속을 내치기 위해서는 다음 스텝 계획이 반드시 필요하다. 조금만 더 계획을 반듯하게 세웠더라면 지금 이 같은 길을 걷더라도 약간 더 편하고 안정적으로 가고 있진 않을까 하는 생각이 든다.

퇴사 후 1인 기업 대표가 된 지 어언 4년차. 센트 디자이너라는 내가 만든 직업으로 살아가고 있지만 여전히 난 하고 싶은 게 많고 그것들을 하기 위해 늘 도전 중이다. 상상만 해왔던 민박집 운영을 무려 이탈리아 피렌체에서 한 달간 해보기도 하고, 온전히 나만의 이야기로 중·고등학교와 여러 기업체를 다니며 강의를 해보기도 했다. 공부했던 호텔경영을 더 심화 전공해 교수가 되고 싶기도 하고, 외국인들에게 한국어를 가르쳐주고 싶기도 하고, 여행 경험을 살려 여행을 접목한 교육업에 도전해보고 싶기도 하다. 여행을 하고 난 뒤, 부정적이었던 나는 긍정적으로 변했고, 물욕이 많았던 나는 욕심을 버리게 됐고, 모가 나 있던 나는 둥글둥글 너그러워졌고, 항상 초조하고 조급했던 나는 여유로워졌고, 나약했던 나는 강인해졌다.

올해로 서른여섯. 첫 사회생활을 시작한 지 10년이 되었고 빼도 박도 못하게 30대 중반이 되었지만 언제든 다른 도전을 할 용기를 가지고 여전히 꿈을 찾고 있는 중이다. 하고 싶은 것을 하며 살아가는 것이 가장 행복한 것임을 알기 때문에.

사랑하라, 한 번도
상처받지 않은 것 처럼

이영지

"영지님, 여행작가 한번 해보세요."

처음 이 말을 들었을 때, 코웃음이 나왔다. 직장 생활을 하면서 몇 년째 개인 블로그를 운영하고 있었는데 제공받은 대가로 글을 쓰는 작업이라 영혼이 쏙 빠진 글들이었다. 사진도 전문적으로 배워야 했고 무엇보다 고가의 카메라 장비가 있어야 한다고 생각했다. 이런 내가 여행작가라니. 꿈도 꾸지 못할 일이었다. 20대 초반에 시를 쓰다 등단하지 못한 나는 어떤 의미로든 실패자였다. 남들 다하는 직장 생활에서도 겉으로는 멀쩡한 척 밝은 척하고 다니다 몸도 마음도 지쳐 결국 퇴사까지 하고 말았다. 행복을 찾기 위해 무던히 애를 쓰고 있지만 하루아침에 이런 생각이 바뀌는 건 힘든 일이다.

"이번 주 내려갈게요."

내게 여행작가를 권유했던 지인이 서울에서 내려왔다. 지금은 양산으로 이사했지만 20년 넘게 부산에서 살았던 나보다 부산 곳곳에 숨은 명소를 잘 알고 있고 특히 바다기 보이는 갈맷길은 안 가본 곳이 없을 정도로 부산의 바다를 사랑하는 분이었다. 사진을 찍을 때면 두 눈이 초롱초롱 빛나곤 했는데, 덕분에 부산에 내려올 때마다 함께 사진 출사를 하게 됐고 하루 종일 걸어 다니며 사진을 찍는 걸 배우게 되었다. 지인을 만나 카메라에 대해 배우기 전, 퇴사 직후라 시간적 여유가 있어 몇 군데 여행을 다녀왔다. 여느 때처럼 남들이 말하는 꼭 가봐야 할 명소들만 찾아갔고 끝날 거 같지 않던 긴 줄을 기다려 포토존에서 사진을 찍었다. 여행 중 지나쳤던 모두가 미소를 띤 얼굴이였기에 나또한 그런 줄 알았다.

하지만, 내가 찍은 사진 중 웃고 있는 내 모습은 없었다. 수천 개의 사진을 찍었는데 블로그에 올려야 하는 사진들만 촬영을 했단 걸 집에 돌아오고 나서야 알게 됐다. '행복하고 싶어 일도 그만두고 여행을 했는데 왜 행복하지 않은 걸까?' 가슴에 불안한 두근거림을 뒤로한 채 천천히 생각했다. 나는 무엇을 하고 싶은 걸까? 좋아하는 건 뭐지? 뭘 하면 사라졌던 자존감을 찾을 수 있을까? 고민 끝에 생각을 글로 옮기기 위해 펜을 집어 들었다.

'내가 좋아하는 것들'

풋사과, 비 오는 날 습해진 건물 냄새, 토이-길에서 만나다, 드라마 「내 이름은 김삼순」, 『나의 라임 오렌지나무』(J. M. 데 바스콘셀로스 지음), 영화 「서유기: 선리기연」, 영화 「인셉션」, 밀라 요보비치, 카푸치노, 고양이, 안개꽃, 통유리로 된 집, 풍경사진 찍기, 오랜 친구들과의 수다, 처마 밑 풍경소리, 비 오는 날의 드라이브, 피아노 연주곡 Ryan Arcand-The beginning, George Winstom-Thanksgiving, 시인 '알프레드 디 수자'.

작은 노트 한 권에 빽빽하게 적어내려간 것들을 보니 문득, 예전에도 습작 노트에는 이런 사소한 것들을 적었던 게 기억났다. 이미 버려진 지 오래였지만 얼핏 생각해 보면 변하지 않고 좋아했던 것들이 꽤 겹친다. 이처럼 행복은 아주 사소한 것들로부터 시작되며 옆에 항상 있었다. 풋사과가 열리는 계절이 오면 풋사과 하나를 살 수 있는 여유, 그리운 친구에게 보고 싶다고 말할 수 있는 용기, 가지고 싶은 카메라를 사기 위해 열심히 돈을 버는 지혜. 비 오는 날 조용한 카페에 앉아 음악을 듣는 순간처럼.

지난 어둠은, 스스로 만든 굴레였다. 부정적인 생각을 하게 된 건 다름 아닌 나 자신이었다. 자존감을 되찾을 방법은 아주 작고 사소하지만 '좋아하는 것들'을 하나씩 해보는 일이었다. 사진기를 들고 처음으로 블로그용이 아닌 찍고 싶은 사진을 찍었다. 특정된 명소가 아니어도, 다들 무심코 지나가는 길이라도 원하던 장면이라면 카메라에 담았다. 서툴지만 하나씩 채워나가자는 의미를 부여했고, 그렇게 찍은 사진들 속에 비로소 나의 시선이 담겨 있었다. 20대 때 포기한 글을 어떻게든 다시 써보려 노력했지만 텅 빈 마음에서 글이 써지지 않는 건 당연한 일이었다. 그러나 의미가 담긴 사진들이 하나둘 늘어가니 사진 아래 자연스레 글이 쓰고 싶어졌다. 그렇게 '작가'를 꿈꾸게 되었다.

30대 초반 암이 찾아왔고 아버지와는 이별을 했다. 여전히 길에서 지나가는 구급차를 볼 때마다 심장이 내려앉지만, 겁나도 더 이상 나의 아픔과 상처를 외면하지 않으려 한다.

시인 알프레드 디 수자(Alfred D. Souza)가 남긴 명언처럼

나를 사랑하겠다. 한 번도 상처받지 않은 것처럼.

빅 피쳐 (The big picture)

민유정

새로운 나를 찾고 만들기 위해 이것저것 도전하고 경험하며 살아가고 있지만, 타인에 잣대에 비추었을 때 이렇다 할 큰 성과는 없다. 무언가를 실천하기 전에 미리 알아보고 비교해봐야 안심하는 성격이라 늘 실행하는 데 시간이 좀 오래 걸리기도 한다. 하지만 나는 시동을 걸기까지 긴 시간이 필요하더라도 막상 출발하고 나면 오래도록 잘 달릴 수 있는 사람임을 알기에 현재는 작은 것을 행할지라도 항상 마음속에 큰 목표를 그리고 있다.

우선 유익한 콘텐츠를 전달하는 일

일본에 있을 때, 쉬는 날에 산책 삼아 삿포로 시내에 있는 큰 서점을 자주 갔었는데 한국 수필이나 소설도 꽤 많이 보였다. 콘텐츠만 좋다면, 영화나 음악뿐만 아니라 책 또한 훌륭한 문화 수출품이 될 수 있음을 직접 보았다. 특히 문학뿐만 아니라 에세이와 같은 비문학 분야를 해외에 적극적으로 수출해보고 싶다고 생각하게 되었다. 반대로 일본의 좋은 책들을 우리나라에 들어오고 싶기도 하다. 일본의 자기계발서나 심리학 서적을 보면 사람들이 고민하는 것이나 지향하는 바가 한국과 일본이 비슷한 것 같다는 느낌을 받곤 했다. 일본 베스트셀러였던 서적들이 한국에서도 금방 베스트셀러가 되는 경우도 자주 있는 걸 보면 서로 공감할 수 있는 문화가 형성되어있음을 알 수 있다. 사람들이 현실을 살아가는 데 도움이 될 만한 책들은 적극적으로 세상에 알리고 싶다.

또한 전공과 흥미를 살려 좋은 외국어 콘텐츠도 꾸준히 만들어보고 싶다.

우리나라 경제는 수출에 대한 의존도가 높으며 인력이 자산인 나라라 지난 수십 년 전부터 해외 취업도 활발히 이루어지고 있는 만큼 외국어 콘텐츠에 대한 수요는 꾸준할 것이다. 요즘은 양질의 외국어 콘텐츠도 많아 굳이 외국을 가지 않더라도 얻을 수 있는 정보로 쉽게 공부할 수는 있지만, 백문불여일견[百聞不如一見]이라는 말처럼 사실 직접 가보지 않으면 느낄 수 없는 것들도 있기에 한국에 있으면서도 현지에 있는 것처럼 생생한 외국어와 문화를 배울 수 있는 콘텐츠를 만들 수 있다면 어떨까?

또 여성들의 이야기도 적극적으로 책으로 만들어보고 싶다. 직장에서 혹은 학교에서, 가정에서 여성이라서 겪는 어려움이나 해프닝, 여성들만이 공감할 수 있는 이야기들이 분명 존재한다. 혹은 경력 관리나 재테크 등 현실 사회 문제에 있어 먼저 해보고 경험해본 여성들만이 선배로서 친구로서 언니로서 해 줄 수 있는 이야기를 통해 '여자는 여자가 도울 수 있는' 책을 만들 수 있다면 여성인 나에게 그 무엇보다 의미 있을 것 같다.

두 번째는 한일교류에 보탬이 되는 일

사실, 대학에 다닐 때 전공인 일본어에 크게 흥미를 느끼지 못해 꽤 방황했었다. 공부를 하긴 해야 하는데 흥미를 전혀 못 느끼니 전공을 다른 걸 택했어야 했나 하고 후회했던 적이 한두 번이 아니었다. 그러다 일본 학생들과 함께 하는 교류 프로그램에 참여하게 되면서 일본어 공부의 필요성과 가치에 대해 다시 한번 생각하게 되었다. 일본 히로시마로 가서 히로시마 경제대학의 학생들과 교류하는 프로그램이었는데 이때 일본인 친구를 한 명 사귀게 되었다. 같이 히로시마 원폭 돔을 보고 이야기를 나누고 저녁에는 술자리도 가지면서 사적인 대화도 나누다 보니 급속도로 가까워졌다. 그 친구가 한국에 올 때나 내가 일본 후쿠오카로 여행 갔을 때 서로 가이드도 해주면서 첫 만남 이후에도 관계를 유지해나갔다. 마음 맞는 친구가 생기니 그 친구와 더 많은 대화를 하고 싶은 마음에 재미없던 일본어 공부가 재밌어지기 시작했다. 효과 좋은 언어 공부 중에 다른 국적의 사람을 만나 교류하는 것이 최고라는 것을 깨닫게 된 계기였다. 살면서 외국인 친구들과 유대 관계를 형성하는 것은 다른 문화를 통해 사고의 폭을 넓혀주고 가치관과 시야가 확장되는 좋은 경험 중 하나라 생각한다.

특히 요즘은 K-POP, 드라마, 영화의 눈에 띄는 활약으로 한국 문화, 한글, K-뷰티에 관심 있는 외국인도 많고 그 어느 때보다 '코리아'라는 브랜드 가치가 올라간 만큼 외국인 친구를 사귀기엔 최적의 시기라고 생각한다. 우리나라와 일본은 가까우면서도 먼 나라라고 표현하는데 한일 교류를 통해 한일 우호에 작게나마 보탬이 되어 가끼운 나라라는 이미지가 만들어 졌으면 좋겠다.

아직은 그저 무작정 퇴사한, 이제 막 30대가 된 평범한 문과 출신 여자이지만, 지금처럼 가고자 하는 길을 포기하지 않고 바라본다면 곧 꼭 목표를 이루게 될 것이라는 걸 믿어 의심치 않는다.

작은 성공과 남은 도전

정현석

퇴사 후 개발자 국비 교육을 듣기로 하고 짐을 싸서 서울로 오면서 서울살이가 처음으로 시작됐습니다. 국비 교육 학원이 있는 신촌에 방을 구해보려 했지만, 남은 퇴직금과 국비 지원으로 취업 전까지 신촌의 방값을 부담하기엔 어려웠습니다. 고시원 중에서도 창문이 있느냐 화장실, 샤워실이 개인용인지 공용인지에 따라서 가격이 천차만별이었습니다. 그렇게 국비 교육 학원이 있는 신촌에서부터 멀어지고 멀어지다가 며칠 뒤 부동산 앱에서 검색했을 때 가장 집이 많이 검색되었던 2호선 신림역에 여행용 가방을 들고 찾아가게 됐습니다.

땡볕 아래에서 기다리고 있으니 앱을 통해 연락한 부동산 중개사님께서 경차를 타고 나타났습니다. 보증금으론 100(만 원)정도 가능하고 월세는 30(만 원)이하면 좋겠다는 터무니없는 조건을 들은 중개사님은 그래도 거기에 맞는 방에 있다며 신림동 고시촌으로 향했습니다. 다들 고시촌 입구 학원들 근처에서 공부를 시작해서 시험에 떨어질수록 고시촌의 산 위로 향하다가 정상에서 결국 마무리를 짓게 된다는 왠지 농담 같지 않은 이야기를 들으며 점차 고시촌 위쪽으로 향했습니다. 그렇게 고시촌 중턱의 100에 30짜리 반지하 방에 도착했고 예산으로 가능한 유일한 그 방을 1년 계약했습니다.

몇 달 뒤 개발자로 취업한 첫 회사는 교육용 가상현실 게임을 만드는 10명 내외 인원이 근무하는 스타트업이었습니다. 연봉은 이전 회사에서 받던 것보다 훨씬 내려갔지만, 새로운 일을 배우고 도전할 수 있다는 기회가 주어짐에 감사했습니다. 지나고 생각해보니 기회에는 감사하되 돈은 더 받았어야 했습니다.

그 회사는 평범한 우리나라의 중소기업이었습니다. 업무에 대한 인원은 항상 부족해서 한 명이 여러 업무를 맡을 수 있어야 했고 빠듯한 프로젝트 일정으로 야근의 연속이었습니다. 무엇보다 같은 업무를 맡은 개발자가 없어서 따로 일을 배울 사수도 없었습니다. 그런데도 그때의 회사를 즐겁게 다닐 수 있었던 건 같이 일을 하는 사람들이 좋고 무엇보다도 새로운 일을 배우고 하고 싶은 일을 하는 것이 재미있었기 때문입니다.

1년 뒤 더 나은 연봉과 경력을 위해 이직을 했습니다. 첫 회사에서 퇴사할 때 들었던 이야기와 비슷한 이야기들을 들을 수 있었지만, 이번엔 지금껏 회사에 하고 싶었던 말을 속시원히 하고 이직을 할 수 있었습니다. 그렇게 개발자가 되고 3년째 여전히 업무를 배우고 일정에 쫓겨 잦은 야근과 한 몸이 되어 개발자가 되기 위한 과정을 살아가고 있습니다.

개발자로 새롭게 취업에 성공한 이후로도 스스로 크고 작은 성공들이 있었습니다. 더 좋은 회사로의 이직에도 성공했고 첫 번째 반지하 방을 떠나 셰어하우스와 옥탑방에도 살아보고 그렇게 몇 번의 이사를 거쳐 지금 방으로 이사도 성공했습니다. 그렇게 정신없이 20대가 지나가고 이제 서른이 되었습니다. 작은 성공들에 만족하면서 뒤를 돌아보면 뿌듯하기도 하지만 뒤를 돌아보며 만족하기에 서른이라는 나이는 어리고 아직도 많은 시간이 남아 있습니다.

서울에 올라오고 얼마 뒤 고향 친구를 만났습니다. "뭐 주워 먹을 거 있어서 서울까지 가서 그 고생이냐?"는 친구의 물음에 "여행하러 가는 거니깐 재미있는 일 있으면 다 해보고 오겠다."라고 답하였습니다. 처음부터 거창한 꿈이 있거나 최종적인 목표를 세운 게 아니라 재미있어 보이는 일들에 다 도전해보자 목표를 세우고 시작했습니다. 그래서 "그때 힘들어도 재미있었지." 말하면서 여행을 마무리 지을 수 있는 때가 지금인지, 더 나이가 먹고 나서인지, 아니면 죽기 전까지 계속 도전하고 배우고 일을 해야 할지 여전히 알 수 없습니다.

아직도 도전해보고 싶은 일들이 많이 남아 있습니다. 그리고 지난 도전을 통해 얻은 작은 성공 덕분에 그 도전이 크건 작건 해보고 싶은 일에 도전하는 일은 '자유' 그 자체라는 사실을 알게 되었습니다. 한동안은 지금처럼 그고 작은 목표들에 하루하루 도전하면서 살아보려 합니다.

고군분투

권선영

쇼호스트를 잘할 거란 확신은 없었다. 그렇지만 내 사전엔 노력 없이 처음부터 잘한 건 없었다. 모두 한 걸음, 한 걸음씩 차근차근 나아갔던 나였다. 하고자 하는 일엔 들소 같은 기질이 있었기에 무턱대고 라이브 방송 구인 공고에 지원했다. 그리고 부담되는 금액이었던 쇼호스트 학원도 바로 등록했다. 이 일을 벌이는 데까지 단 3일이 필요했다. 짧은 시간 동안 수많은 고민이 있었다. 정말 하고 싶은 일이 맞기는 한지, 안정적인 직장인 생활을 놓고 이 일에 도전해도 되는지 말이다. 그렇지만 좋아하지 않는 일을 헛된 책임감을 품고 나아가는 건 나 자신과 맞지 않았다. 고등학생 때 뮤지컬 배우가 되겠다고 서울로 연기학원을 다닐 때 마음을 떠올려보았다. 두려움이 컸지만 다시 그 시절을 회상해보면 한 뼘 성장하는 계기가 되었다. 그때를 계기로 용기가 자라나 하고자 하는 일에는 뭐든지 해보는 마음을 갖게 되었다. 마음속에서 두려운 친구가 속삭였다 '잘되지 않으면 어떡해?' 그러자 또 다른 내가 모든 걸 내려놓듯 속삭였다 '잘되지 않아도 괜찮아, 다 내 삶의 자양분이 되겠지!' 그렇게 나의 진득한 도전은 시작되었다.

기다리던 쇼호스트 학원 수업이 시작되었다. 다듬어지지 않는 말투와 제스처, 발화 속도 등 다양한 단점에 대한 평가를 받을 때마다 과연 방송을 할 수 있을지 걱정이 태산이었다. 물론 장점으로 평가받은 것도 있지만 왠지 혼자 나와서 발표를 하다 보면 내 결점에 더 집중되었다. 그렇게 고민이 꼬리에 꼬리를 물더니, 이대로 가다간 방송의 기회가 있어도 제대로 해내지 못할 것 같았다. 같이 학원을 다니는 동기 언니와 팔을 걷어붙이고 플랫폼을 찾아 방송의 기회를 얻었다. 첫 방송을 신청하고, 시작된 나의 고민은 '어떻게 한 시간 내내 말을 하지?'였다. 지금도 그런 고민이 여전히 있지만 당시에는 큰 공포감이었다. 나는 그 공포감을 직면하고 배워나가기로 결심했다. 늘 그래왔던 것처럼. 첫 방송은 역시나 무척 떨렸고 무슨 말을 했는지 모를 말도 많이 했다. 하지만 내 두려움만큼 최악은 아니었다. 그렇게 나는 매주 방송의 기회를 만들었다. 부족한 점은 항상 있었지만 결점에 치중하다 보면 자신감도 잃게 되고 즐길 수도 없었다. 그래서 관점을 바꿔서 고객 입장에서 어떤 부분이 궁금할지, 왜 이 제품을 사용하면 좋을지에 더욱 포인트를 잡고 제품 공부를 시작했다.

그러다 내게도 기적 같은 일이 일어났다. 차 형태의 제품을 최초로 판매를 이뤄냈기 때문이다. 제품을 준비하면서 한 모금 한 모금 차를 마실 때마다 어떤 느낌을 전달하면 좋을지, 이 제품이 어떻게 활용하면 좋을지 고민을 많이 하다 보니 방송에도 그런 면을 더욱 녹아낼 수 있었다. 그날 깨달았다. 비록 무수히 많은 결점이 보일지라도 그보다 먼저 자신이 했던 노력을 기억하고 깨닫고 조금씩 사소하게 나아가는 게 더 중요하다는 걸 말이다. 그렇게 첫 기적을 발견하면서 더욱 적극적으로 방송의 기회를 찾았다. 오프라인으로도 판매 경험을 쌓고자 설날에도 아르바이트를 나가 고객을 바라보며 판촉을 경험했다. 체력이 가능하다면 뭐든지 알아가고 싶었다. 정신적으로도 육체적으로도 힘들었지만 친구들과 사랑하는 엄마가 나의 발전을 알아봐주었다. 그럼에도 왠지 모르게 지치고 행복한 마음은 들지 않았다. 무얼 해도 불안했다. 뭔가가 뒤틀리고 있었다.

브레이크를 밟았다. 속도가 확 늦춰졌다. 쇼호스트를 결심하고 한 달 동안 동대문에서 새벽시장에서 라이브 방송을 매일 하기도 했고, 글도 쓰고, 모델 일도 했다. 나는 괜찮은 줄 알았다. 모두가 그렇게 당연하다는 듯 달려오고 있었기 때문이다. 그중에서 난 노력하는 축에도 끼지 못했다. 물론 이 모든 평가는 나의 주관적인 비교일 뿐이었다. 하지만 근래부터 방송을 하고 나면 속이 매스꺼운 느낌을 받기 시작하면서 모든 일에 무리를 하고 있다는 걸 알게 되었다. 항상 어지러운 마음으로 임하다 보니 방송이 끝나고는 아쉬움이 남았다. 정신없는 날들이었다. 때로는 방송의 기회를 더 많이 얻고 싶어서 마음이 초조했다. 매일 밤이면 불안한 마음에 스마트폰을 하염없이 붙잡고 있었다. 문득 이런 생각이 들었다.
'왜 나답지 않게 이렇게 비교를 하며 내 살을 깎아 먹고 있을까?'

원점으로 돌아와서 생각해보니 남들보다 잘하기 위해 이 일을 도전한 게 아니라, 그저 좋아서 시작한 일이었다. SNS에서 보이는 나보다 훨씬 잘나고 멋있어 보이는 사람들과 비교하며 나는 왜 이렇게 날것처럼 보일까 하는 자책이 매일 들었다. 물 흐르듯 멘트를 잘하고 세련되어 보이는 사람을 보면서 아득히 멀게만 느껴져서 쇼호스트를 도전하는 게 맞나 싶은 고민도 자주 들기도 했다.

그 결과, 나와 비교도 할 수 없이 갖춰진 사람들을 보며 이제까지 느껴보지 못했던 무력감이 크게 날 짓누르고 있었다. 엄마와 이런 상황에 대한 이야기를 허심탄회하게 나누었다. 쇼호스트가 되기로 결심하고 난 후부터 차마 못나 보여 꺼내지 못한 고민들을 토로했고 엄마는 공감해주셨다. 엄마는 늘 조급한 나를 달래듯 좀 쉬어가라고 했다. 달릴 줄만 알고 멈춰 있으면 큰 불안함을 느끼는 나란 사람, 내려놓을 자신이 없었나 보다. 이런 나를 사랑해주고 지지해주는 사람이 있다는 게 큰 위로가 되었다.

이 세상에 나를 대신할 사람은 나밖에 없다. 나라는 존재로서 뚝심 있게 사유하는 모습으로 나아간다면 고유한 나만의 빛이 생길 거라 믿는다. '좀 잘 안 되면 어때, 겁나서 도전 못하면서 이러지도 못하고 저러지도 못하는 내 모습보다는 훨씬 근사하지 않을까?' 그렇게 마음을 먹고 나니 한결 편안해졌다.

처음부터 순조로웠던 건 아무것도 없었다. 하물며 내 삶의 터닝포인트였던, 중국 교환학생 시절도, 1년 동안 꾸준한 리듬으로 노력하고 이뤄냈다. 자아를 충분히 돌보면서, 내 고유한 공간을 만들어내는 것. 타인의 말과 평가에도 쉽게 동요하지 않고, 타인과 비교하지 않는 자세를 기르고, 집중된 마음으로 나아가는 것. 새로운 도전을 하는 지금도, 이러한 마음가짐을 갖기 위해 독서를 하고 글을 쓴다. 때로는 산에 간다. 이렇게, 내 삶의 가장 가까운 동반자, 나라는 친구와 가까워지도록 노력하고있다.

진실한 마음을 담아, 한 발자국, 두 발자국, 꾹꾹 걸어보며 끝없이 도전하고 통찰하고 싶다. 나답게.

미래를 향한 네 발짝

김민지

이 책이 나올 때쯤 어떤 목표를 달성했고 어떤 목표를 계획하고 있을까. 다 내려놓고 자유롭게 살고 있을까, 아니면 계획한 대로 살기 위해 스스로를 숨 막히게 하고 있을까. 내가 바라는 모습은 지금 하는 일을 꾸준히 잘 이뤄내고 있는 아이들의 엄마이다. 가끔은 슬럼프로 힘들어 할지도 모른다. 하지만 나와 마주한 슬럼프를 잘 이겨낸다면 지금보다 더 성장한 나를 만날 수 있으니 견뎌내려 노력한다.

이따금 의욕적으로 일하다 갑자기 무기력해진 자신을 발견할지도 모른다. 나 같은 경우에는 이럴 때 핸드폰도 손글씨용 펜도 모두 제자리에 내려놓는다. 무기력해진 나와 맞서 싸우지 않고 잠시 휴식을 취하겠다는 나만의 액션이다. 그러고 나서 가족과 함께 햇살에 반짝이는 바다를 보러 가거나 짙은 녹음으로 둘러싸인 산으로 들어가 지친 마음을 달래기도 한다. 그마저도 안 되면 좋아하는 텔레비전 프로그램이나 영화를 하루 종일 보기도 하고 그냥 침대에 머리를 대고 누운 후 눈을 감고 조용히 잠을 청하기도 한다. 축 늘어져 잠만 자는 모습을 보며 "당신은 자려고 태어난 것 같아."라고 남편이 지나가는 말을 할 때도 있다. 게다가 하루에 18시간을 자는 늘보라는 동물이 연상된다고 하니 내가 얼마나 자는지 짐작할 수 있을 것이다. 가끔 게으름을 피우는 것도 마음을 안정시키기에 좋은 것 같다. 때로는 힘차게 때로는 느리게 나름대로 삶을 줄다리기하고 있다.

혼자 일을 하다 보면 슬럼프 말고도 자기애에 빠져 고립되는 일도 종종 생긴다. 삶은 결코 호락호락하게 우리를 놔주지 않으니 주위를 자주 둘러

보고 뒤처지지 않기 위해 끊임없이 배우려는 자세가 필요하다. 배우면서 나의 새로움 모습과 재능을 찾기도 하고, 하고 싶은 또 다른 일을 발견할 수도 있을 것이다. 그래서 배움의 끈을 잡고 있는 것은 매우 중요하다. 또 같은 관심사를 가진 사람들과 만나면서 부족한 점을 돌아볼 수 있으니 배움으로 나를 채우는 일은 결코 게을리할 수 없다. 나 또한 시간과 여건이 허락되면 관심 있는 분야를 배우려 한다. 그중 가장 손쉽게 배울 수 있는 온라인 강의를 주로 듣는다. 배우고 싶은 부분만 골라서 들을 수 있고 바로 실행이 가능하기 때문에 꽤 실용적이다. 앞에서 말한 것처럼 내 독서 계정도 온라인 강의를 통해 만들었고, 온라인 숍, 글 쓰는 법 등도 온라인 강의를 통해 빠르고 쉽게 배우면서 바로 실행으로 옮긴 일들이다.

우울함에 빠지지 않기 위해, 나를 찾기 위해, 대화가 통하고 배울 점이 있는 엄마가 되기 위해 느리지만 꾸준히 앞을 향해 걸어가고 있다. 현재 성공한 전문가는 아니지만 생각을 현실로 이루어가는 과정에서 행복을 느낀다. 또 느리지만 조금씩 '나'에게 만족하는 삶을 줄 수 있어서 참 다행이라 생각한다. 퇴사를 꿈꾸고 나다운 일을 찾고 싶은 사람, 아이를 키우고 있지만 나라는 존재를 가지고 싶은 간절한 소망, 이 나이에 무엇을 하겠냐고 꿈을 놓으려는 사람들이 이 글을 읽고 용기를 내기를 바란다. 그리고 머릿속에만 반짝이는 아이디어를 가두지 않기를 바란다.

마지막으로 나의 네 발짝을 얘기하려 한다. 이미 얘기한 세 가지 일로 미래의 길을 닦고 있지만 그것으로 고민이 끝나지는 않았다. 그 고민은 바로 '어떻게 하면 돈으로부터 자유로울 수 있을까.'였다. 시간의 자유와 경제적 자유를 누리면서 남은 삶을 살려면 무엇을 어떻게 해야 할까. 누구에게나 주어지는 하루는 24시간이지만 누구는 24시간을 24년처럼 쓰고 누구는 24분처럼 쓰기도 한다. 그래서 나의 24시간을 어떻게 써야 할지에 대한 고민을 해결하기 위해 책도 읽고 강의도 듣고 조언도 들은 결과 몇 가지 공통된 방법을 추려보았다. 잠을 자고 있어도 나의 가치가 쓰일 수 있는 책 출판, 인터넷 강의 만들기, SNS 광고 수입 등이었다. 많이 들어서 이미 알고는 있어도 결국 실천으로 옮기느냐 마느냐는 큰 차이를 낳는 것 같다. 이런 부분들은 하루아침에 몇 시간 투자를 한다고 해서 만들어지지 않고 꾸준히 해야만 얻을 수 있는 가치이다. 이런 미래를 위한 다음 도전은 바로 온라인 강의다. 성공할지 실패할지는 모르지만 누구에게나 도전은 아름다운 것이니까 수줍게 발걸음을 내디뎌본다.

자신의 꿈을 이룬 기분은 어떨까. 아직은 나도 이렇다고 내세울 것은 없지만 아직 피어나지 않은 자신의 꿈을 세상의 무엇 때문에 두려워하지 말고 마음껏 펼쳐보았으면 좋겠다. 내 인생은 그 누구도 대신해줄 수 없으니까. 머릿속으로만 생각하지 말고 작은 것부터, 할 수 있는 것부터 해보자.

아이가 셋인 경력 단절 아줌마도 이렇게 N잡러에 도전하고 있지 않은가. 물론 지금 하는 일을 모두 이룰 수 없을지도 모른다. 그러나 중요한 점은 꾸준히 변화하려는 자세이다. 그러니 한 걸음, 한 걸음 나아가고 있는 스스로에게 '오늘도 수고했어'라고 토닥여주며 멈추지 않길.

김민지

꿈을 꾸다

신하령

'이이잉'

또 재난 문잔가 싶어 휴대전화의 진동 소리에 확인을 안 해보려다가 집어 들었다. 전화기 상단에 작은 편지 모양의 이모티콘이 보였다. '아, 메일이 왔구나. 혹시?' 기다리고 있는 메일이 있어 두근거리는 마음으로 스크롤 바를 내려 해당 알림을 클릭하였다. 'OO북스에서 알려드립니다.'라는 제목의 메일이었다. '이번에도 거절 메일이겠지. 그래도 이곳은 성의 있게 거절 메일까지 보내주시네.' 하는 마음으로 기대 없이 클릭한 메일에는,

"예비작가님의 글 아주 흥미 있게 잘 봤습니다. 작가님의 책 주제에 따라 독자 대상층을 잘 잡고 요즘 트렌드에 맞게 잘 정리된 글을 보내주셨더군요. 작가님께서 괜찮으시다면 저희 출판사와 여러 번 회의를 거듭하여 몇 가지 사항을 조율하여 수정한 후 출간을 진행하고 싶습니다. 금주 내로 저희 담당 편집자가 연락을 드리겠으니 편하신 요일과 시간 정해주시면 미팅을 잡고 싶습니다. 그럼 연락해주십시오."

메일을 읽고 나서 한동안 어리둥절했다. 내가 꿈을 꾸고 있나 싶어 휴대전화 시간도 다시 확인하고 노트북의 전원을 서둘러 켜서 메일함을 열었다. 해당 메일을 또 한번 눈으로 확인하고 나서야 꿈이 아니라 생시인 것을 깨달았다. 누군가에게 이 기쁜 소식을 알리고 싶었지만, 혹시나 출판사의 착오로 메일이 잘못 온 것 아닌가 싶어 하루 정도 기다려보기로 했다. 출판사에서 전화가 오면 그때 사실을 받아들여도 늦지 않으리라. 하루 동안은 나 혼자만 기뻐하자고 마음먹었지만, 심장은 고장 난 듯 쿵쾅

쿵쾅 요동쳤다. 삼십 평생 살면서 이런 두근거림은 처음일 정도로 화장실 가고 싶은 사람처럼 안절부절못했다. 아무 일도 손에 잡히질 않았다. 그래서 나에게 메일을 보내온 출판사 홈페이지를 들어가보기도 하고 그동안 거기에서 출간된 책들을 꼼꼼히 살펴보며 어떤 종류의 책들이 나왔는지 표지 디자인은 어떤지 후기 글은 얼마나 올라와 있는지 확인했다. 출간 요청 메일을 보내기 전에도 각 출판사의 특색을 꼼꼼히 확인하고 내가 쓴 책이 이 출판사와 어울릴지 고심해보았으나 나만의 판단과 바람으로 메일을 보냈을 때와 출판사로부터 프러포즈를 받고 알아보는 것은 차원이 달랐다. 책으로 출간될 가능성이 더 열렸으니 내 책에 어떤 표지가 입혀질지부터, 홍보 마케팅은 어떻게 진행될지 등 여러 가지 사항을 좀더 세심하게 검토할 수 있었다.

그동안 책 쓴다고 살림을 소홀히 했더니, 불만스러운 태도를 보이며 비협조적이었던 남편과 아직은 어려서 엄마가 좋아하는 책 읽고 공부하는 줄로만 아는 아이들에게 이제 좀더 떳떳하게 "나는 이제 초보 작가야. 그러니 모두 도와주길 바라."라고 말할 수 있겠다 싶었다. 몇 달 동안 아무도 알아주지 않는 고독한 시간이 주마등처럼 스쳐 지나갔다. 도서관에서, 스터디 카페에서, 모두가 잠든 밤 부엌 식탁에서 책을 읽고, 글을 쓰고 고치기를 무한 반복했던 그 시간이 당시에는 왜 내가 편하게 사는 길을 택하지 않고 누가 시키지도 않은 고생을 사서 하나 싶기도 했었는데 지금의 결실이 내 노력을 보상해주는 듯 모든 것들이 감사했다. 책을 쓰고 싶다는 꿈은 이미 2년 전쯤부터 시작되었다. 하지만 이토록 빨리 꿈을 이룰 거라는 생각은 하지 못했다. 적어도 5년 안에는 이루리라! 그 정도만 돼도 벅찬 행복일 것 같다고 생각해왔다.

> 머릿속으로 이미지와 비전을 생생하게 그리는 사람일수록
> 자신이 원하는 인생을 살 수 있다.
> 즉, 이미지와 성공은 서로 밀접한 관계가 있다.
> 당신이 어디 서 있건 지금이 바로 시작할 때입니다.
> 오늘 당신이 기울이는 노력이 분명 세상을 바꿀 겁니다.
> '모치즈키 도시타카, 『보물지도』, 나라원'

모치즈키 도시타카의 『보물지도』를 읽으면서 이 부분을 보는데 가슴이 뛰었다. 물론 아무리 자신이 원하는 이미지와 비전을 생생하게 그리고, 매일같이 '비전 보드'를 바라보고 꼭 이루겠노라 다짐한다 해도 꿈에 도달하기까지는 많은 시간과 노력, 수고가 필요하단 것은 자명한 사실이다. 하지만 꿈을 달성하기 위해선 노력과 수고, 인내뿐만 아니라 모치즈키 도시타카라는 작가가 말했듯이 머릿속으로 이미지화를 한다면 더욱 그 시간은 단축된다.

출판사의 출간 제안 메일을 받은 후 삶은 어떻게 달라졌을까?

지금 이 글을 읽고 있는 독자분들께는 매우 송구스럽지만, 아직은 나에게 공저가 아닌 '단독 출간'이라는 꿈 같은 일은 일어나지 않았다. 현실에선 일어나지 않은 일을 구체적으로 상상해보는 것이 꿈에 더 가까이 가게 해주니까 현실 같은 상상을 그려본 것이다. 책을 읽고 꾸준히 글쓰기를 하며 큰 변화는 아니더라도 조금씩 변화하고 성장해가는 것을 느낀다. 아직 단독 출간 작가로서 꿈을 이루진 못했지만, 곧 이뤄질 꿈이라고 생각하고 매일 글을 쓰고 여러 번 다듬는 일을 반복 중이다. 처음 책을 쓴다고 했을 때 주변 지인들은 모두 다 글쓰기 공부를 하나보다 생각했다. 그리고 혼자서 하는 것이 아닌 여러 명이 그룹 지어 함께하는 줄로 알았다. 나도 남들이 가보지 않은 길에 대해서 자세하게 설명하기도 그랬고 언젠가 글을 쓰는 일이 힘에 부쳐, 손에 쥐면 사르륵 쏟아지는 모래알처럼 내 꿈이 무너져 버릴까 봐 염려도 되어 구체적인 것은 말하지 않기도 했다. 그러나 타인에게 내 꿈을 이야기함으로써 그 말에 책임감을 느끼고 열심히 글을 쓸 수 있을 것 같아 출간 작가라는 꿈을 알린 것인데 내 꿈을 이야기하자 더욱 실현해야겠다는 의지가 생겼다. 우선 책 한 권 분량을 써내보기로 작정하고 세 달 동안 틈틈이 써서 완성할 수 있었다. 아직 출판사와의 계약이 이루어지지 않은 상태이지만 난 내 의지와 노력으로 책을 써냈다는 자체만으로도 감개무량하다.

누구에게나 기회는 온다. 하지만 그것을 받아들일 수 있는 사람은 '준비된 자'이다. 준비된 자만이 자신에게 맞는 기회가 온 것인지, 그것을 받아들여 성장할 수 있는지를 알 수 있다. 목표한 바가 있으면 그것을 향해 힘들어도 한 발, 한 발 내딛다 보면 더 많은 기회가 따라온다. 배울 기회, 도움을 받을 기회들 말이다. 책 쓰기를 원하고 꾸준히 노력하자 돈 주고도 못 듣는 질 좋은 강의를 찾아 들을 수 있었고, 동네 책방에서 열리는 이름만 들어도 알만한 작가와의 글쓰기 수업에도 참여할 수 있었다. 또한 평소 존경하고 애정하는 작가의 강연도 찾아가 인사 나눌 수 있었다. 그리고 지금 소중한 독자분들이 읽고 계신 책 속에 담길 글을 쓸 기회도 만나고 각자 있는 자리에서 빛나는 청춘인 다양한 작가들도 알게 됐다.

'생생하게 꿈꾸고 글로 적으면 현실이 된다.'라는 『꿈꾸는 다락방』(국일미디어)의 이지성 작가의 말처럼 앞서 내가 상상한 일들이 올해 안에 꿈으로 이뤄지길 간절히 바란다. 또한 글을 함께 해준 많은 분이 저마다의 관심을 확장해 자신의 자리에서, 남들이 규정지은 성공 또는 성장이 아닌, 스스로 인정할 수 있는 성공과 성장을 이루시길 간절히 바란다. 꿈을 실현시킬 능력은 이미 우리 안에 충분히 담겨 있다. 자신의 가능성을 믿고 원하는 바를 이루기 위해 무엇이든 당장 시작해보길 권하고 싶다.

믿을 구석은 회사가 아니었다
ⓒ 짙따 2021

초판 1쇄 2021년 9월 27일

지은이	함승혜, 이수빈, 이영지, 민유정, 정현석, 권선영, 김민지, 신하령
펴낸이	조혜영
펴낸곳	짙따 (제 2020-000020호)
주소	경기도 의정부시 신흥로 234 CRC빌딩 10층 북부경기문화창조허브 S13호
전자우편	jit_tta@naver.com
인스타그램	@jittta_publishers
표지	이진경
교정/교열	김화영, 조혜영
인쇄	북크림
물류	북스테이

ISBN 979-11-971646-9-9 03810

이 책은 저작권법에 따라 보호를 받는 저작물이므로
무단 전재와 무단 복제를 금합니다.

감사의 말

이 책이 태어나기까지, 출판사 [짙:따]와 『믿을 구석은 회사가 아니었다』에 응원과 격려, 후원을 아끼지 않았던 모든 분들께 감사드립니다.

박진호, 함종학, 이옥순, 함승용, 김미정, 김시욱, 이경무, 이상은, 김진성, 강해라, 조아람, 박연희, 이소정, 이수빈, 신하령, 이영지, 김순이, 김리나, 민미해, 김성은, 안성은, 최승환, 다섯지혜, 백순심, 한지민, 김윤선, 성혜미, 리원맘, 조현진, 황윤정, 손수경, 이은진, 임한나, 서주희, 오승현, 김세례, 서주희, 오승현, 남보라, 허지은, 이한솔, 이예은, 양준필, 김미영, 지예, 김혜진, 김보경, 김지희, 이은정, 고윤정, 이채린 …